GESTALTPÄDAGOGIK IN DER PRAXIS

O.A. BUROW · H. QUITMANN · M.P. RUBEAU

GESTALTPÄDAGOGIK IN DER PRAXIS

Unterrichtsbeispiele und spielerische Übungen
für den Schulalltag

OTTO MÜLLER VERLAG SALZBURG

ISBN 3-7013-0721-0

Satz: Verlag Politisches Archiv, Landshut
Druck und Bindung: Wiener Verlag, Himberg bei Wien

Inhaltsverzeichnis

Vorwort

Wie alles anfing

Gestaltpädagogik hat sich in den siebziger Jahren, basierend auf den Konzepten der Gestalttherapie von PERLS und GOODMAN, sowie einer Vielzahl von theoretischen und praktischen Einflüssen anderer pädagogischer und psychologischer Strömungen, zu einem eigenständigen Ansatz entwickelt. Es würde hier zu weit führen, die große Zahl der an dieser Entwicklung beteiligten Kolleginnen und Kollegen zu nennen. Hierzu verweisen wir auf unsere Literaturangaben und die weiterführende Literatur. Wir sind diesen Kollegen aber zu Dank verpflichtet, weil sie uns vielfältige Anregungen vermittelt haben.

Uns geht es in diesem Buch um eine praxisnahe Darstellung der Möglichkeiten der Gestaltpädagogik, so wie wir sie im Kreis unserer Kollegen erlebt und entwickelt haben. Da bildete die Aktivität von Hartmut FRECH einen wichtigen Anstoß für die Verbreitung der Gestaltpädagogik in Berlin. Frech begann, angeregt durch nationale und internationale Erfahrungen, in Workshops und Seminaren, Grundannahmen der Gestalttherapie auf die Pädagogik zu übertragen.

Hartmut FRECH, Martin P. RUBEAU und Susanne ZEUNER fingen an, mit viel Improvisation und noch mehr Begeisterung, neue Wege des Lernens zu gehen. Der »Gestaltgedanke« breitete sich schnell aus: Studenten schrieben ihre Examensarbeit über Gestaltpädagogik; Lehrer fingen an, in ihrem Unterricht mit einzelnen Methoden zu experimentieren; an der Diesterweg-Hochschule der GEW-Berlin fanden regelmäßig Seminare zur Gestaltpädagogik statt.

Ein erster Überblick über die Grundlagen der Gestaltpädagogik von Olaf-Axel BUROW und Karlheinz SCHERPP, einst Studenten in den ersten Seminaren, erschien. Dann wurde damit begonnen, mit Gesamtschullehrern der Martin-Buber-Schule, intensiver und über einen längeren Zeitraum zusammenzuarbeiten. Die Erfahrungen waren so ermutigend, daß sich die Arbeit mit zwei weiteren Kollegien von Gesamtschulen anschloß.

Nach dieser Erprobungsphase entstand die Idee, in Zusammenarbeit mit der GEW-Berlin, und der TU Berlin im Gestaltzentrum Berlin, neben der bereits bestehenden Gestalttherapie-Ausbildung, einen pädagogischen Zweig zu etablieren. Nach immensen Schwierigkeiten auf verschiedensten Ebenen gelang es dem Team von Hartmut FRECH, Claudio HOFMANN, Hiltrud ONNEN-HOPPMANN, Helmut QUITMANN und Martin P. RUBEAU im Herbst 1983 die erste Ausbildungsgruppe anlaufen zu lassen. Nicht zuletzt auch durch das Engagement von Klaus MEISSNER, dem Leiter der Diesterweg-Hochschule, wurde die Ausbildung als feste Institution etabliert.

Dieser bemerkenswerten Verbreitung des gestaltpädagogischen Ansatzes stand bislang keine systematische Darstellung von konkreten Anwendungsmöglichkeiten gegenüber. Bei einem Ausbildungswochenende entstand spontan die Idee, die bislang auf einzelnen Papieren und in unseren Köpfen gespeicherten Details zu systematisieren und als Ausgangspunkt für eine praxisnahe Darstellung zu nehmen.

Nach über einem Jahr intensiver Arbeit, mit einem Gewaltakt am Ende, haben wir es geschafft! In kooperativer und kreativer Arbeit verfaßten wir ein Buch, von dem wir glauben, daß es einen großen Gebrauchswert hat.

An dieser Stelle möchten wir unseren Kolleginnen und Kollegen sowie den Ausbildungskandidaten für Ideen und Anregungen danken.

Um was es geht

Wenn wir von »Gestaltpädagogik« sprechen, dann verbinden wir damit nicht die Vorstellung, nun endlich den »Stein der Weisen«, will heißen, das einzig gültige und richtige Konzept für einen humanen Unterricht gefunden zu haben. Wir betrachten Gestaltpädagogik auch nicht als ein Dach, unter dem alles, was pädagogisch sinnvoll und nützlich erscheint, untergeordnet werden muß.

Wir plädieren an dieser Stelle vielmehr für eine Sichtweise, die stärker das NEBENEINANDER der verschiedenen Konzepte betont. Reformpädagogischen Ansätzen (z.B. STEINER, MONTESSORI, PETERSEN, CARSEN, OTTO, LIETZ, KERSCHENSTEINER) kommt bei dieser Herangehensweise ebenso eine Bedeutung zu wie der Freinetpädagogik, der Themenzentrierten Interaktion (COHN) der Nichtdirektiven Pädagogik (ROGERS, TAUSCH/TAUSCH), der Confluent Education (BROWN), der Integrativen Agogik (PETZOLD), der materialistischen Pädagogik (LEONTJEW, MANN) und der Gestaltpädagogik (BUROW/SCHERPP, PETZOLD/BROWN, PRENGEL).

All diesen Konzepten ist gemeinsam, daß sie sich gegen die Zerstückelung des pädagogischen Prozesses und der an diesem Prozeß beteiligten Menschen aussprechen und eine ganzheitliche Sichtweise entwickeln. Ihr gemeinsames Anliegen ist eine Humanisierung des Lehrens und Lernens, mit dem Ziel, die individuelle und gesellschaftliche Entfaltung der schöpferischen Potentiale des Menschen so weit wie möglich zu fördern.

Mit ihrem existenzphilosophisch geprägten Menschenbild kann die Gestaltpädagogik auf ihre Weise Antworten auf die gegenwärtige Krise in Schule und Erziehung anbieten. Wenn der Politiker Erhard EPPLER auf einem Bildungskongreß der GEW dafür plädiert, »Leben« zum Wesensbestandteil des Unterrichts zu machen und die Notwendigkeit betont, »Kinder in Kontakt mit Wachstumsprozessen« zu bringen, sowie für eine Erziehung »zur Freude an körperlicher Bewegung, handwerklicher Arbeit, am Singen und Musizieren« aufruft (vgl. Volksblatt Berlin vom 4.2.86, S. 3), dann wird daran deutlich, daß die Zeit reif ist für eine Bildungsreform, die neben einer Veränderung der äußeren Strukturen gerade auch das Geschehen im täglichen Unterrichtsalltag berücksichtigt.

Die Methoden und Übungen der Gestaltpädagogik können ein Stück weit helfen, den Inhalt einer solchen Reform konkret zu fassen. Sie geben Hilfen an die Hand, einen neuen Lern- und Lehrbegriff zu entwickeln und umzusetzen. Wenn dieses Buch dazu einen Beitrag leistet, haben wir unser Ziel erreicht.

Zum Aufbau des Buches

Das vorliegende Buch soll dem Leser die Möglichkeit geben, sich einen an der Praxis orientierten Eindruck der philosophischen und psychologischen Grundlagen der Gestaltpädagogik zu verschaffen (Kapitel 1). Vor diesem Hintergrund entwickeln wir in Kapitel 2 das Modell einer gestaltpädagogischen Didaktik. Im Kapitel 3 werden dem Leser grundlegende Methoden der Gestaltpädagogik vorgestellt. Darüberhinaus geben wir eine Vielzahl von weiterführenden Beispielen.

Um deutlich zu machen, wie gestaltpädagogische Methoden in den normalen Fachunterricht integriert werden können, bringen wir in Kapitel 4 exemplarische Unterrichtsbeispiele zu verschiedenen Unterrichtsfächern, die ergänzt werden durch eine Fülle von weiteren Unterrichtsanregungen, Übungen und Spielen.

Da gestaltpädagogischer Unterricht immer auch einer veränderten Lehrerhaltung bedarf, skizzieren wir in Kapitel 5 Elemente einer gestaltpädagogischen Lehrerhaltung. Die Praktizierung gestaltpädagogischen Unterrichts stößt an institutionelle Grenzen, weswegen wir in Kapitel 6 Perspektiven zur Veränderung der Institution Schule skizzieren.

Für Leser, die sich tiefer in die Materie einarbeiten wollen, haben wir am Ende des Buches kommentierte Literaturhinweise zusammengestellt.

Olaf-Axel BUROW, Helmut QUITMANN, Martin P. RUBEAU

1. Grundlagen der Gestaltpädagogik

Zentrale Grundlage der Gestaltpädagogik bilden Humanistische Psychologie und Existenzphilosophie. Im folgenden geben wir hierzu einen kurzen Überblick und skizzieren dann die Konzepte von Kontakt und Begegnung als zentrale Anliegen der Gestaltpädagogik.[1)]

Das Lesen dieses Kapitels ist keine Voraussetzung für das nachfolgende Kapitel 2, in dem wir den Versuch unternehmen, eine gestaltpädagogische Didaktik zu entwerfen. Für diejenigen Leser, denen Theorie jedoch eher ein Greuel ist, empfehlen wir, mit Kapitel 3 zu beginnen und eventuell später oder zwischendurch einen Blick in die beiden ersten Kapitel zu werfen.

1.1. Humanistische Psychologie und Existenzphilosophie

Der psychologische Hintergrund für die Gestaltpädagogik findet sich in den Konzepten der »Humanistischen Psychologie«.[2)] Diese psychologische Richtung, die von den Vorstellungen der Existenzphilosophie und Phänomenologie mit beeinflußt ist (siehe Abb. 1 auf S. 12), versteht sich selbst, in Abgrenzung zur Psychoanalyse und zum Behaviorismus, auch als »Dritte Kraft« in der Psychologie. Die Zunahme der Bedeutung dieser psychologischen Richtung hat ihren Grund darin, daß sich immer mehr Psychologen vom Menschenbild der Humanistischen Psychologie angezogen fühlen und ihre Konzepte als lebensnah und praktisch empfinden. Auch Lehrer empfinden die Ansätze der Humanistischen

---

1) Zur Vertiefung dieser kurzen Einführung empfehlen wir einen Blick in unsere kommentierte Literaturliste am Schluß dieses Buches (Kapitel 7)
2) Ein Überblick über die »Humanistische Psychologie« findet sich in: QUITMANN, H. 1985

Psychologie zunehmend als hilfreich, wenn sie sich fragen, wie sie mit konkreten Alltagsproblemen, wie z.B. Angst, Aggression oder Desinteresse von Schülern umgehen sollen. Nehmen wir als Beispiel die Angst:

Die Humanistische Psychologie etikettiert das Auftreten von Angst nicht automatisch als etwas Negatives bzw. Unerwünschtes, das möglichst schnell zu beseitigen ist. Sie geht zunächst davon aus, dieses Gefühl als eine normale Reaktion auf ein subjektiv als bedrohlich erlebtes Ereignis zu akzeptieren.

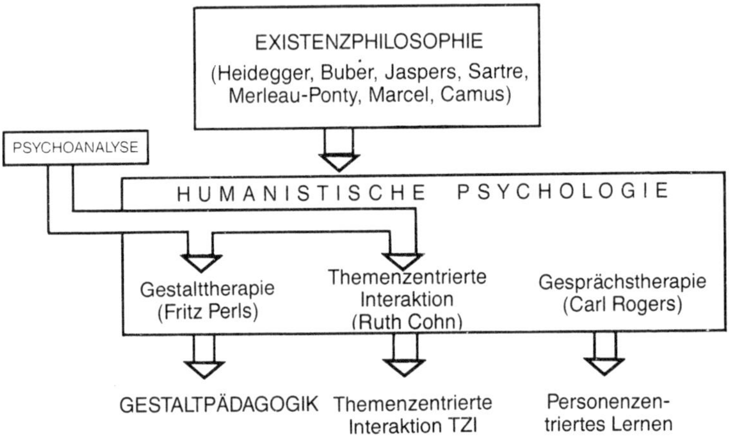

Die aus der Existenzphilosophie übernommene Auffassung, daß Angst ein zwar bedrohlicher, aber gleichzeitig notwendiger Aspekt menschlicher Existenz ist, daß Angst und Freiheit zwei Seiten einer Medaille sind, ermöglicht eine andere Sicht vom Menschen. Zwar ist er seiner Angst in hohem Maße ausgeliefert (passiver Aspekt), gleichzeitig jedoch sucht er die Angst immer wieder auch aktiv auf (vgl. 1.2. »Lust zur Spannung«), und er ist ständig aufgerufen, sich zu entscheiden, ob er sich seiner Angst stellen oder ihr ausweichen will (aktiver Aspekt). Auf eine Kurzformel gebracht, bedeutet dies: je mehr ich meine Angst als bleibenden Teil meiner Person und meines Lebens akzeptiere und in eigenverantwortlicher Entscheidung mich dieser Angst in der einen Situation stelle und ihr in der anderen ausweiche, desto mehr Freiheit gewinne ich.

Wenn die Humanistische Psychologie die Auffassung vertritt, daß jeder Mensch über eine ihm innewohnende Tendenz verfügt, seine jeweils bestehenden Grenzen zu überschreiten bzw. zu erweitern, mehr zu werden, zu wachsen und sich selbst zu verwirklichen, dann steht dahinter auch die Überzeugung, daß das Erleben von Angst ein notwendiger Bestandteil dieses Entwicklungsprozesses ist.

1.2. Humanistische Psychologie und Gestaltpädagogik

Zunächst hat sich diese Position der Humanistischen Psychologie in der Entwicklung therapeutischer Ansätze niedergeschlagen (Gesprächstherapie, Gestalttherapie, Themenzentrierte Interaktion, Bioenergetik, Psychodrama, Transaktionsanalyse usw.), ehe Ende der 60er Jahre Überlegungen angestellt wurden, wie diese psychologischen Erfahrungen auch pädagogisch fruchtbar gemacht werden können.

Wie die vorstehende Grafik zeigt, hat die Humanistische Psychologie neben der »Gestaltpädagogik« noch andere pädagogische Konzepte wie das der »Themenzentrierten Interaktion« (TZI) nach Ruth COHN sowie das »Personenzentrierte Lernen« nach Carl ROGERS hervorgebracht. [1)]

Während bei der Gestaltpädagogik »Kontakt« und »Begegnung« im Mittelpunkt stehen (siehe 1.3.), haben die genannten pädagogischen Konzepte mit der Gestaltpädagogik folgende Grundannahmen gemeinsam:

Lust zur Spannung

Der menschliche Organismus hat die Tendenz, seine jeweils bestehenden (Persönlichkeits-) Grenzen zu erweitern. Dieser auf Selbstverwirk-

---

1) Einen guten Überblick über diese Konzepte geben folgende Bücher:
Gestaltpädagogik: PETZOLD, H./BROWN, G. 1977 – BUROW, O.-A./SCHERPP, K. 1981 – PRENGEL, A. 1983 – DIESTERWEG-HOCHSCHULE 1985.
Themenzentrierte Interaktion: COHN, R.C. 1975 – FARAU, A./COHN, R.C. 1984.
Personenzentriertes Lernen: ROGERS, C. 1974 – ROGERS, C. 1984 – TAUSCH, R.u.A.-M. 1979.

lichung gerichtete Prozeß erfordert eine Spannung, die daraus entsteht, daß an der »Kontaktgrenze« angenehme und unangenehme Erlebniszustände ständig abwechseln. Gegen andere Auffassungen, daß der Mensch seine Energien darauf richtet, Spannungszustände zu reduzieren, definieren die Vertreter der Humanistischen Psychologie[1] eine »Lust zur Spannung« (GOLDSTEIN), d.h. der Mensch hat die Tendenz, Spannungszustände nicht nur »auszuhalten« bzw. »auszugleichen«, sondern sie auch *aktiv aufzusuchen.*

Wenn wir z.B. dieses Buch schreiben, so steht am Anfang die schöne Vorstellung, eigene Erfahrungen mit Hilfe eines Buches an andere Menschen weiterzugeben. Unser geistiges Auge sieht auch schon das fertige Buch da liegen mit einem schönen Deckel usw; ein tolles Gefühl kommt auf, Ausdruck des Bedürfnisses, unsere Fähigkeiten und damit uns selbst zu entfalten. Doch ganz schnell wechselt das Gefühl; wir spüren die Arbeit, die auf uns zukommt, wenn wir die Idee wirklich umsetzen wollen. Gefühle von Zweifel, Angst und Last mischen sich mit denen einer positiven Idee. Wir haben uns selbst aktiv in diese Grenzsituation hineinbegeben; den dabei entstehenden Spannungszustand haben wir vor dem Hintergrund einer faszinierenden Idee selbst aktiv herbeigeführt.

Selbstverwirklichung

Die Humanistische Psychologie geht davon aus, daß der menschliche Organismus ein Bestreben bzw. eine Tendenz in sich trägt, sich auf Sinnhaftes und auf Werte hinzubewegen und dabei bestehende Grenzen auch zu überschreiten bzw. zu erweitern. Charlotte BÜHLER hat in ihren Lebenslaufstudien herausgefunden, daß Menschen am Ende ihres Lebens dann das Gefühl von Selbstverwirklichung empfinden, wenn sie auf etwas Sinnvolles zurückblicken können, das durch sie selbst Eingang in das Leben dieser Welt gefunden hat. Ähnliches gilt sicher auch für die Schule. Lehrer blicken dann mit einem Gefühl von Selbstverwirklichung auf ein Schuljahr oder ihr besonderes Engagement gegenüber einzelnen Schülern zurück, wenn sie vor sich selbst zu dem

---

1) Wichtige Vertreter der Humanistischen Psychologie sind u.a. Carl ROGERS, Fritz PERLS, Ruth COHN, Erich FROMM, Kurt GOLDSTEIN, Charlotte BÜHLER, Abraham MASLOW.

Ergebnis kommen: Ja, das war wirklich sinnvoll, da habe ich etwas Bleibendes oder Wertvolles geschaffen.

Leider ist es so, daß diesem Phänomen der Selbstverwirklichung in unserem Alltag sehr wenig Beachtung geschenkt wird bzw. dort, wo es auftaucht, starke Gegenkräfte wirksam werden. Unsere Erklärung dazu ist folgende: durch die konkreten Entwicklungsbedingungen in unserer Kindheit und Jugend werden das Bedürfnis und die Fähigkeiten zur Selbstverwirklichung stark eingeschränkt und z.T. zugeschüttet; die Humanistische Psychologie vertritt in diesem Zusammenhang eine optimistische Sichtweise dergestalt, daß diese Bedürfnisse und Fähigkeiten potentiell vorhanden sind und wieder aktiviert werden können. Nach Auffassung von BUGENTAL und MASLOW kann das große Potential, das bei den Menschen derzeit brachliegt, durch Umorientierung auf ein anderes Menschenbild zum großen Teil wieder aktiviert werden.

Doch aufgepaßt! Das Streben nach Selbstverwirklichung birgt Gefahren. Der Mensch, der seine Energien darauf richtet, sich selbst zu verwirklichen, kann den Gesamtzusammenhang, in dem er lebt, aus den Augen verlieren. Losungen wie »Ich muß erstmal an mich denken« oder »Das muß ich selbst entscheiden« oder »Da steh' ich zu« oder »Das stimmt für mich im Augenblick überhaupt nicht« sind nach unserer Auffassung nur dann Ausdruck eines Selbstverwirklichungsprozesses, wenn bei dieser so notwendigen Konzentration auf das individuelle Erleben nicht aus den Augen gerät, daß Selbstverwirklichung immer auf etwas gerichtet ist, ein Ziel hat und damit immer ganz konkret mit den Menschen und Dingen aus meiner Umwelt zu tun hat. Wenn Schüler am Montagmorgen die Parole »Nullbock« ausgeben, so ist dies nur dann Teil eines Selbstverwirklichungsprozesses, wenn sie dabei im Kontakt und in Begegung mit ihren Mitschülern und Lehrern bleiben, d.h. wenn sie noch hören, daß um sie herum auch noch andere Interessen existieren. Wenn sie ihr »Nullbock« wie selbstverständlich ihrer gesamten Umwelt überstülpen, so ist dies für uns nicht Selbstverwirklichung, sondern Egozentrismus, d.h. die Verwirklichung des eigenen Selbstbildes als Resultat einer Abspaltung und Kontaktlosigkeit gegenüber der Umwelt.

Wenn ein Lehrer in Berührung kommt mit Ideen der Gestaltpädagogik und mit Euphorie und neuem Elan in seinen Unterricht geht, so ist dies nur dann Ausdruck eines Selbstverwirklichungsprozesses, wenn er noch ein Auge, ein Ohr und ein Herz hat für die Bedürfnisse und Interessen bzw. Widerstände seiner Schüler und seiner Kollegen. Wenn wir als Lehrer befriedigende Erfahrungen mit gestaltpädagogischem Unterricht gemacht haben, so folgt daraus für unsere Kollegen nicht zwingend das gleiche. Unsere Erfahrung, daß wir uns in der Schule ein Stück weit mehr verwirklichen können, muß einhergehen mit der Bereitschaft, uns mit Kollegen und Schülern, die davon nichts wissen wollen, weiter auseinanderzusetzen. Selbstverwirklichung ist für uns kein Selbstzweck; wir begrüßen diese Idee als Möglichkeit zur Selbstentfaltung und damit zur Stärkung des einzelnen Menschen, aber wir warnen vor der Gefahr, Autonomie mit Autismus zu verwechseln und dabei aus den Augen zu verlieren, daß individuelles Wachstum nur im Kontakt und in der Begegnung mit der Umwelt einen wirklichen Selbstverwirklichungsprozeß möglich macht.

Im folgenden drucken wir zwei Versionen des sogenannten »Gestaltgebets« ab; die erste Fassung wird Fritz PERLS zugeschrieben, die zweite Fassung ist eine Variante von Ruth COHN. Der Leser mag selbst entscheiden, welche Version seiner Auffassung von Selbstverwirklichung am nächsten kommt:

Ich bin Ich und Du bist Du
Ich bin nicht dazu da, um Deinen Erwartungen zu genügen
und Du bist nicht dazu da, meinen Erwartungen zu genügen
Ich bin Ich und Du bist Du
Wenn wir uns finden, ist es wunderschön
Wenn nicht, kann man nichts machen

Fritz Perls

Ich kümmere mich um meine Angelegenheiten, ich bin ich
Du kümmerst Dich um Deine Angelegenheiten, Du bist Du
Die Welt ist unsere Aufgabe
Sie entspricht nicht unseren Erwartungen
Doch wenn wir uns um sie kümmern, wird sie sehr schön sein
Wenn nicht, wird sie *nicht sein*

Ruth Cohn

Ganzheitlichkeit

Nach Auffassung der Gestaltpsychologie, auf die sich die Humanistische Psychologie u.a. beruft, ist das Ganze nicht nur mehr, sondern auch etwas anderes als die Summe seiner Teile. Wenn daher in der

Gestaltpädagogik von Ganzheitlichkeit die Rede ist, dann ist eine Schulklasse z.B. nicht nur quantitativ mehr im Sinne der Summe der Schüler, sondern die Klasse als Ganzes ist auch qualitativ etwas anderes als die einzelnen Schüler zusammengenommen. Die Atmosphäre oder Stimmung in der Klasse ist nicht allein durch die quantitative Anhäufung vieler Schüler zu erklären, sondern ergibt sich auch durch das Nebeneinander der verschiedenen Einzelpersonen, die – jede für sich – einzigartig sind.

Ganzheitlichkeit halten wir auf vier verschiedenen Ebenen für bedeutsam:

– die einzelne Person als Einheit aus Leib-Seele-Geist bzw. Denken-Fühlen-Handeln,

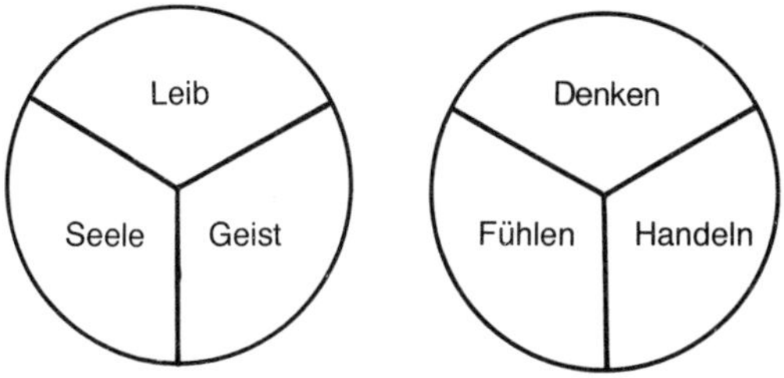

– die Ich-Du-Beziehung als Begegnung zwischen Person und Person bzw. zwischen Person und Sache/Ding,

– die Beziehung zwischen Einzelperson und Gruppe als Einheit,

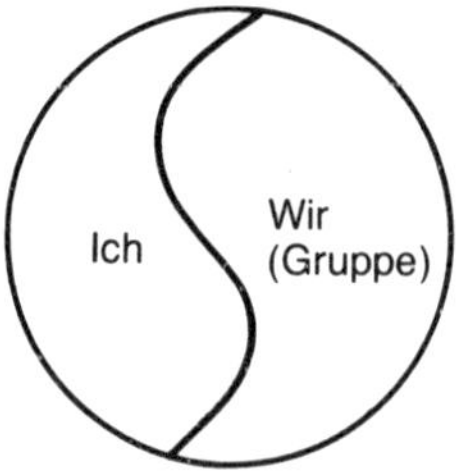

– der Zusammenhang zwischen Mensch und Welt/Kosmos als Einheit.

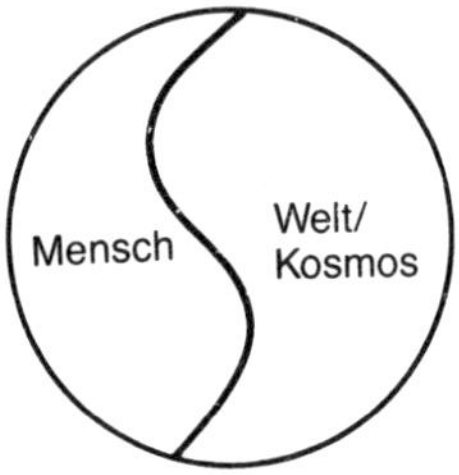

Was heißt das für die Schule? Was heißt das für's Lernen?

Ganzheitlicher Unterricht muß sich bemühen, die Sinne möglichst vielfältig zu berücksichtigen, emotionale und kognitive Aspekte miteinander zu verbinden und Möglichkeiten des Denkens, Fühlens und Handelns im Unterricht bereitzustellen. Dieses Vorgehen ist im ursprünglichen Sinn »human«, weil es die Möglichkeiten, die der Mensch auf die Welt mitbringt, umfassend einbezieht.

Folgenden Aspekt halten wir in diesem Zusammenhang für ebenso wichtig: Durch die weitgehende Reduzierung unseres Alltags auf zwei Sinne und die mangelnde Verschränkung kognitiver und emotionaler Aspekte finden wir uns in einer Kultur wieder, die sich – auch in Form wissenschaftlicher Theorien – durch starke »Kopflastigkeit« hervortut. Vernunft, Rationalität, Objektivität, Verstand usw. gelten – und das bestätigt uns die herrschende Wissenschaft – als Garant einer besseren Zukunft. Verhaltensweisen, die mehr durch Naivität, Irrationalität, Subjektivität oder Gefühle bestimmt sind, werden nicht nur als dazu im Gegensatz, sondern meist als *unvereinbare* Gegensätze begriffen. So finden wir in unserem Leben eine Fülle solcher Polaritäten, die sich scheinbar ausschließen, wie z.B. Kopf – Herz, Geist – Körper, Vernunft – Gefühl, gut – böse, oben – unten, innen – außen usw. Die Schule z.B. wird beherrscht durch Polaritäten wie gut – schlecht, richtig – falsch und dumm – intelligent. Wir sind jedoch der Auffassung, daß diese Polaritäten Bestandteile unseres Selbst sind und betonen eine Vereinbarkeit dieser Gegensätze, eine Integration bzw. Zusammenschau dieser Polaritäten. Die Vernunft des Menschen kann nur zur vollen Entfaltung gelangen, wenn sie vor dem Hintergrund der Gefühle und Erfahrungen betrachtet wird; und umgekehrt kann die große Bedeutung der Gefühls- und Erfahrungswelt bei der Entwicklung des Menschen nur zur Geltung kommen, wenn sie in ihrer gleichzeitigen Zugehörigkeit und Abhängigkeit von Geist und Vernunft be-griffen und ver-standen wird. Auf die Schule übertragen bedeutet das für uns, daß die Fähigkeiten und Interessen von Schülern und Lehrern nur dann in einem Lernprozeß lebendig wachsen, wenn die Zerstückelung des Menschen in

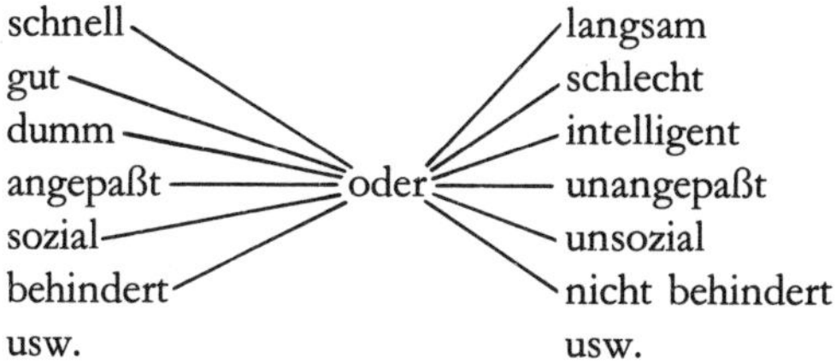

umgewandelt wird in eine Sichtweise, die den Menschen ganzheitlich sieht, d.h. ein Schüler oder Lehrer ist – je nach Situation – gleichzeitig

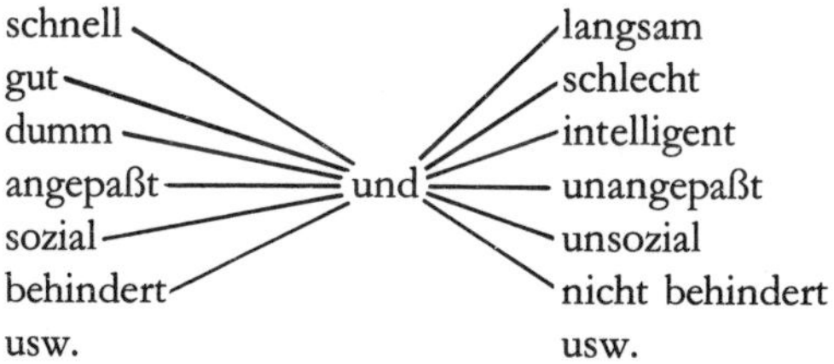

Wir sind der Überzeugung, daß die Anerkennung der gleichzeitigen Gültigkeit gegensätzlicher Eigenschaften bei Schülern eine notwendige Grundlage ist für die freie Entfaltung der vorhandenen individuellen und gesellschaftlichen Potentiale.

Hier-und-Jetzt

Der Mensch ist eine Einheit aus Vergangenheit, Gegenwart und Zukunft, aber: erfahrbar wird diese Einheit nur in der Gegenwart des »Hier-und-Jetzt«. Wir erfahren diese Einheit nicht, wenn wir uns mit unseren Gefühlen und Gedanken zu sehr in der Vergangenheit bzw. der Zukunft aufhalten; wir plagen uns z.B. das ganze Jahr für einen Zeitabschnitt, der irgendwann einmal kommen wird. Das wahre Leben soll erst irgendwann einmal in der Zukunft beginnen: am Nachmittag *nach* der Schule, am Ende der Woche, wenn die Ferien kommen oder wenn ich pensioniert bin. Dieses Leben für die Zukunft steht dann so zentral im Mittelpunkt, daß unser momentanes Erleben herabgemindert wird. Diese Orientierung auf zukünftiges Glück bezahlen wir mit einem Verleugnen und Abtöten unserer gegenwärtigen Gefühle, wie Lust, Freude, Begeisterung bzw. Wut, Enttäuschung oder Unzufriedenheit. Dasselbe gilt für den Bereich der Vergangenheit. Wir sind geradezu Meister darin, uns nachträglich Selbstvorwürfe zu machen, daß wir in einer bestimmten Situation doch ganz anders hätten handeln sollen:

Wir hätten gar nicht Lehrer werden sollen und wenn schon Lehrer, dann hätten wir doch ganz andere Fächer studieren sollen. Überhaupt hätten wir andere Möglichkeiten im Leben gehabt, wenn unsere Erziehung anders verlaufen wäre. Auch hier halten wir uns durch das Hadern mit dem Schicksal bzw. dem Glorifizieren von Vergangenheit davon ab, auf das zu achten und das zu (er)leben, was im Hier-und-Jetzt erfahrbar ist.

Die Tatsache, daß wir im Hier-und-Jetzt leben und erleben, merken wir auch, wenn wir auf unseren Körper achten: Unser sensorisches und motorisches System funktioniert nur in der Gegenwart, und in diesem Funktionieren spüren wir unsere gegenwärtige Erfahrung:

»Wenn sich jemand an ein vergangenes Erlebnis erinnert und bei dem Bericht, wie er von seinem Vater geschlagen wurde, eine verkrampfte Haltung einnimmt und wenn er diesen Vorfall hauptsächlich als vergangenes Erlebnis behandelt, dann befindet er sich nur zu einem sehr kleinen Teil in der Gegenwart. Würde ihm seine verkrampfte Haltung bewußt, dann wäre sein gegenwärtiges Erlebnis wesentlich intensiver. Wenn er dann auch noch zuließe, daß seine passive Verkrampfung sich in eine lebendige Spannung verwandelte, dann könnte er möglicherweise die Geschichte mit der Wut berichten, die seiner Spannung innewohnt.«[1]

Noch einmal: im Hier-und-Jetzt bleiben heißt nichts anderes, als mich darauf zu beziehen, was jetzt ist, heißt bewußt zu erleben, was im Moment mit mir los ist usw. PERLS spricht davon, daß dieses »Im Jetzt leben« per se schon heilend sei. Wenn wir das, was jetzt ist, als die jetzige Realität annehmen und anerkennen können, dann leben wir im Hier-und-Jetzt, dann leben und erleben wir unsere jeweiligen Möglichkeiten.

Freiheit des Handelns, Entscheidung und Verantwortung

Eine weitere Annahme der Humanistischen Psychologie resultiert aus der existenzphilosophischen Erkenntnis, daß der Mensch nicht nur wählen und entscheiden *kann*, sondern daß er ununterbrochen damit konfrontiert ist, Entscheidungen fällen zu *müssen*, ob er will oder nicht. Seine persönliche Freiheit wächst in dem Maße, in dem er dieses Entscheiden- Müssen als ein Grundmerkmal seiner menschlichen Existenz akzeptiert, danach handelt und die Verantwortung für seine Entscheidungen selbst übernimmt. Dieser Zugewinn an Freiheit ist so etwas wie eine »Erlösung aus selbstverschuldeter Unmündigkeit« (KANT) und erfordert eine bewußte Wahrnehmung unserer Situation in zwei Richtungen:

1. Wahrnehmung nach innen (meine Gedanken, Gefühle, mein Körper, meine Interessen, meine Bedürfnisse, meine Widerstände, mein Unbehagen usw.);
2. Wahrnehmung nach außen (inwiefern sind Gefühle, Gedanken, Interessen, Bedürfnisse usw. aus der Außenwelt auf mich gerichtet? Welche anderen Bedingungen oder Strukturen der Umwelt sind auf mich gerichtet? usw.).

Beides ist gleichzeitig da, mit beidem sind wir gleichermaßen konfrontiert.

Vor diesem Hintergrund muß der Lehrer z.B. sehr genau wahrnehmen, was das Beamtenrecht von ihm will und was er vom Beamtenrecht will (Wahrnehmung nach außen), was die Noten mit ihm machen und

---

1) POLSTER, E. u. M., 1977, S. 21

was er mit den Noten macht (Wahrnehmung nach innen), was die Schüler von ihm wollen und was er von den Schülern will. Er sieht sich einem permanenten Entscheidungsprozeß ausgesetzt, in dem das ständige Sich-Auseinandersetzen mit sich selbst und der Welt draußen eine Persönlichkeitsentwicklung möglich macht, innerhalb derer die Fähigkeit zum Konflikt, zur Konfrontation, zum Aushalten der eigenen Angst und Aggression und zum Beharren und Sich-Durchsetzen genauso wichtig ist wie die Fähigkeit zur Freude, zur Liebe, zum Glück, zur Gemeinsamkeit, zum Nachgeben- und Verlierenkönnen.

Ein solcher Lernprozeß verbessert die Bewußtheit (awareness) der lernenden Schüler und Lehrer für ihre kognitiven und emotionalen Stärken und Schwächen und versetzt sie in die Lage, genauer zu differenzieren zwischen der Verantwortung, die sie selbst übernehmen müssen und der, die sie an die Umwelt abgeben können.

1.3. »Kontakt« und »Begegnung« als zentrale Anliegen der Gestaltpädagogik

Das Menschbild, das mit Begriffen wie Ganzheitlichkeit, Hier-und-Jetzt, Lust zur Spannung, Selbstverwirklichung, Entscheidung, Verantwortung einhergeht, finden wir aber nicht nur in der Humanistischen Psychologie und Pädagogik. Ähnliche Ideen und Vorstellungen finden wir z.B. auch in der Reformpädagogik (STEINER, MONTESSORI usw.) sowie in neueren Konzepten, wie Freinet-Pädagogik, Offener Unterricht usw. Das »Neue« an der Gestaltpädagogik ist daher nicht das zugrunde liegende Menschenverständnis, sondern ein ganz bestimmter Blickwinkel, unter dem versucht wird, diesen Vorstellungen zur konkreten Umsetzung in der Unterrichtspraxis zu verhelfen: Im Mittelpunkt der Gestaltpädagogik steht zunächst der Begriff des »Kontakts« und der Versuch, das Lernen als einen Kontaktprozeß zu verstehen.

Dieser Aspekt steht in engem Zusammenhang zu dem der Ganzheit. Wie oben schon angeführt wurde, bildet der einzelne Schüler ja nicht nur mit sich selbst eine Einheit (aus Körper, Geist und Seele), sondern auch mit anderen Menschen (z.B. in der Begegnung mit Eltern, Lehrern und Mitschülern) und der Welt (Stadt, Land, Staat, Kontinent, Weltall). Wir müssen uns diese Einheit vorstellen als ein ständiges »Hin und Her«

bzw. eine Verzahnung des menschlichen Bedürfnisses nach Autonomie (Eigenständigkeit, Einzigartigkeit, Eigenverantwortung) auf der einen Seite und Interdependenz (Zugehörigkeit, Sicherheit, Abhängigkeit) auf der anderen Seite. Die Gestaltpädagogik nennt diesen Vorgang »Kontaktprozeß«, und der zentrale Ort, wo dieser ständige Wechsel bzw. die Abhängigkeit dieser gegenläufigen menschlichen Bestrebungen erfahren wird, ist die »Kontaktgrenze«.[1)]

Die Beziehung zwischen dem Menschen und seiner Umwelt bekommt auf diese Weise einen ganz anderen Charakter. Zum einen geschehen Veränderungen in zwei Richtungen: die Umwelt nimmt Einfluß auf den Menschen, und der Mensch nimmt Einfluß auf die Umwelt; zum anderen definiert die Gestaltpädagogik als Berührungsort zwischen Mensch und Umwelt die *Oberfläche* des Menschen bzw. die Oberfläche der Umwelt. An der Kontaktgrenze berühren sich beide Oberflächen, dringen ineinander ein und verändern sich.

Vor diesem Hintergrund vollzieht sich auch das Lernen an der Kontaktgrenze. Hier können Schüler neue Dinge der Umwelt in sich aufnehmen bzw. eigene Dinge an die Umwelt abgeben. Gemeint ist ein sehr lebendiger und aufregender Lernprozeß, als dessen Ergebnis Schüler und Lehrer aus eigener Motivation heraus ihre Handlungs- und Erlebnismöglichkeiten erweitern und einschränken. Aus dem bewußten Wunsch heraus, sich selbst verwirklichen zu wollen, werden sie einmal den gegenwärtigen Bestand ihrer Persönlichkeit bewahren und gegen Ausdehnung und Erweiterung schützen und im nächsten Moment schon wieder die Grenzen ihres Selbst überschreiten, Risiken eingehen und Unsicherheit in Kauf nehmen. Diese eher dynamische Auffassung der Gestaltpädagogik vom Selbst ermöglicht dem Individuum sehr bewußte und differenzierte Entscheidungen hinsichtlich der Frage, wann eine individuelle Veränderung und wann eine Veränderung der Umwelt notwendig ist. Immer handelt es sich hier um eine »kreative Anpassung« (PERLS), die wir von der »neurotischen Anpassung« unterscheiden, wo eine Kontaktunterbrechung die Abspal-

---

1) Haut, Atem, Ohr, Auge, Gefühle, Gedanken und physiologische Regungen können – je nach Situation – die Kontaktgrenze mit der Umwelt bilden. Es ist keine Grenze »zwischen«, sondern eine Grenze »mit« der Außenwelt; d.h. der Mensch ist immer auch Teil der ihn umgebenden Welt, und diese ist immer auch Teil des einzelnen Menschen. Vor diesem Hintergrund ist das Individuum für sich eigentlich eine unzulässige Abstraktion, weil der Mensch z.B. ohne den ihn ständig umgebenden Sauerstoff gar nicht denkbar wäre.

tung des Selbst von der Umwelt bewirkt und persönliches Wachstum verhindert.

Dieses Verständnis von Kontakt findet sich wieder in Martin BUBERs Begriff der »Begegnung«. Wenn die traditionelle Pädagogik davon spricht, daß man als Schüler »nicht für den Lehrer, sondern für das Leben« lernt, dann ignoriert sie, daß Lernen nicht »an sich« schön und interessant ist, sondern nur in der Beziehung zu Menschen und Dingen lebendig und sinnvoll wird. Wenn in der Gestaltpädagogik von »Gemeinschaft« gesprochen wird, dann ist damit nicht ein moralisch-diffuses »Wir-ziehen-alle-an-einem-Strang« gemeint, das eine einseitige Unterordnung des einzelnen unter die Gemeinschaft als erstrebenswerte Lern- und Lebensform kennt. Die Gestaltpädagogik steht in ihrem Verständnis von Gemeinschaft mehr in der Tradition von Martin BUBER, der die »Begegnung« sowohl zwischen Mensch und Mensch als auch zwischen Mensch und Ding in den Vordergrund stellt. Begegnung ist dann gegeben, wenn die Mitglieder einer Gemeinschaft »alle zu einer lebendigen Mitte in lebendig gegenseitiger Beziehung stehen«.[1)]

BUBER unterscheidet zwischen »Ich-Du-Beziehungen« und »Ich-Es-Verhältnissen«. Wenn in vielen Büchern die Ich-Du-Beziehung mit der Beziehung zwischen Mensch und Mensch und das Ich-Es-Verhältnis mit der Beziehung zwischen Mensch und Ding gleichgesetzt wird, so wird BUBER falsch verstanden. Für ihn kann es Ich-Du-Beziehungen zwischen Mensch und Ding genauso geben wie zwischen Mensch und Mensch. Schauen wir uns die Schulwirklichkeit an. Hier habe ich es im wesentlichen zu tun mit Menschen (Lehrern, Schülern) und Dingen (Unterrichtsgegenstand, Fach, Projekt, Strukturen). Zwischen mir und diesen Menschen und Dingen sind zweierlei Beziehungen möglich: einmal kann ich darüber nachdenken, vergleichen, werten, fühlen, Nutzen daraus ziehen – ich stehe dann diesem Menschen oder Ding »gegenüber«, indem ich jeweils nur einen Teilaspekt erfasse. Die andere Möglichkeit ist, daß ein Ding oder ein Mensch in dieser Schule mir ganz nah sind und meine ganze Person erfassen. Ich erfasse dann diese Beziehung nicht in einem Teilaspekt (Ich-Es-Verhältnis), sondern in ihrer Ganzheit und Gegenseitigkeit (Ich-Du-Beziehung). Im letzteren Falle verwirkliche ich mit meinem »Gegenüber« (Mensch oder Ding) einen *Dialog* dadurch, daß ich als Einheit einer anderen Einheit *begegne*.

---

1) BUBER, M., 1974, S. 55

Dieses dialogische Verständnis von Begegnung wird in der Gestaltpädagogik aufgegriffen, wenn wir z.B. darauf achten, daß der Lehrer Unterrichtsstoffe an Schüler erst dann heranträgt, wenn er seine eigene Beziehung zu diesem Stoff geklärt hat. Er soll in Kontakt mit sich und dem Stoff sein. Der Lehrer kann sich z.B. Klarheit darüber verschaffen, ob ihm der vorbereitete Stoff selbst Spaß macht oder ob er ihn nur deshalb einbringt, weil er im Rahmenplan steht. In beiden Fällen kann diese Klarheit bedeuten, daß er mit diesem Stoff eine Ganzheit, eine Einheit bildet, daß er sich mit dem Stoff in einer Ich-Du-Beziehung befindet. Anders ausgedrückt: wenn der Lehrer in der Vorbereitung nicht selbst dem Stoff »begegnet«, kann er im Unterricht weder eine Begegnung zwischen dem Stoff und den Schülern noch eine Begegnung zwischen sich selbst und den Schülern ermöglichen. Er sollte sich seiner positiven und negativen Empfindungen dem Unterrichtsstoff und den Schülern gegenüber bewußt sein.

2. Gestaltpädagogische Didaktik

Modell der gestaltpädagogischen Didaktik

Wir machen mit der Vorlage unseres Modells einer gestaltpädagogischen Didaktik den Versuch,

- Fachinhalte und Fachdidaktik,
- psychologische Inhalte und psychologische Didaktik,
- gesellschaftspolitische Inhalte und politische Didaktik

miteinander zu integrieren. Wie aus unserem Schaubild hervorgeht, stehen diese drei Bereiche in einem Austausch miteinander, wobei die psychologische Didaktik der Ort der Integration ist.

Die Integration dieser drei Bereiche ergibt eine neuartige Form der Didaktik, deren Kern die Personenzentrierung und die Konzentration auf Kontakt und Begegnung darstellt (vgl. 1.3.). Fachlicher, psychologischer und gesellschaftspolitischer Aspekt werden unter dem übergeordneten Ziel der Förderung des Wachstums der Persönlichkeit betrachtet. Dabei bilden die Schnittstellen zwischen den Aspekten und den entsprechenden Didaktiken die Bereiche, in denen persönlich bedeutsames Lernen möglich wird.

Ein solches in die Person integriertes Lernen wirkt auf das individuelle Erleben und Verhalten zurück und damit auch auf die Verarbeitung neuer Inhalte. Diesen Prozeß der »Selbst«-Bewußtwerdung und der Assimilation von Lerninhalten (bewußte Integration von Erkenntnissen in das »Selbst«) bezeichnen wir mit dem Begriff »Wachstum der Persönlichkeit«. Da sich dieses Wachstum u.a. als ein Ergebnis der Integration der verschiedenen Aspekte ergibt, sprechen wir auch von einem integrativen Lernprozeß, bzw. von integrativem Unterricht.

Unser Modell hat eine orientierende und handlungsleitende Funktion. Es soll einen Überblick über die zu berücksichtigenden Aspekte der Unterrichtsplanung geben und verhindern, daß einzelne Aspekte überbewertet werden. Es macht deutlich, daß der Wert gestaltpädagogischen Unterrichts vom Grad der Integration der verschiedenen Aspekte abhängt.

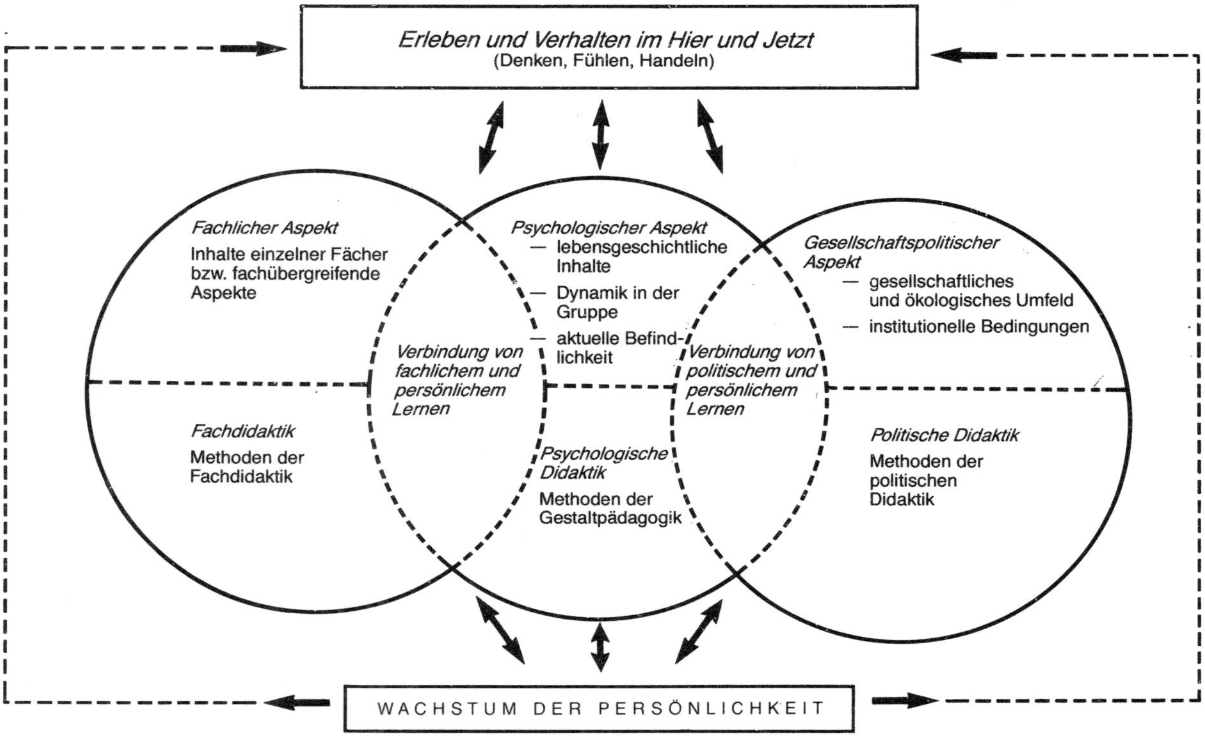

Das Modell der gestaltpädagogischen Didaktik

Wie aus dem Schaubild hervorgeht, unterscheiden wir drei Aspekte gestaltpädagogischen Unterrichts, auf die wir, aus Gründen der Anschaulichkeit, im folgenden gesondert eingehen.

In der konkreten Unterrichtspraxis allerdings sind diese drei Bereiche ständig ineinander verwoben.

Der fachliche Aspekt

Auf der Ebene des Fachunterrichts geht es in erster Linie um die fachliche Qualifizierung von Lehrern und Schülern. Die traditionellen Fachdidaktiken bemühen sich mit Hilfe der Untersuchung der soziokulturellen und anthropogenen Voraussetzungen der Schüler, unter Entwicklung von Sachanalyse und didaktischer Analyse darum, den Unterricht auf eine fundierte Grundlage zu stellen.

Wir halten diese Elemente der Unterichtsplanung nach wie vor für wichtig, schlagen aber einige Differenzierungen vor.

So heben wir die Rolle von Kontakt und Begegnung im Fachunterricht besonders hervor. Wir meinen, daß die persönlichen Beziehungen von Lehrern und Schülern zum Unterrichtsgegenstand sowie die Beziehungen der am Unterricht Beteiligten untereinander stärker in ihren Auswirkungen auf gelingende oder scheiternde Lernprozesse berücksichtigt werden müssen.

Wenn z.B. der Lehrer den Kontakt zum Lerngegenstand verloren hat, ihn also nur formal und ohne innere Beteiligung behandelt, wird der Lernfortschritt und die Motivation der Schüler beeinträchtigt. Ein persönlicher Bezug des Schülers zum Unterrichtsgegenstand ist aber eine wichtige Bedingung für einen erfolgreichen Lernprozeß.

Die Gestaltpädagogik vertritt die Auffassung, daß eine stärkere Berücksichtigung dieser affektiven Komponenten, die in jedem Fachunterricht eine Rolle spielen, das Lernen motivieren und bereichern kann. Wenn der Fachinhalt nicht nur lebloses, auf Anforderung hin zu repetierendes Material bleiben soll, muß er zu einem integrierten Bestandteil der Person werden. Dies setzt aber eine Auseinandersetzung zwischen der Person und dem Fachinhalt voraus, die die individuelle Lern- und Lebensgeschichte berücksichtigt und auf den verschiedensten Ebenen Möglichkeiten der Aneignung bereitstellt.

Der gesellschaftspolitische Aspekt

Jeder Unterricht findet im Rahmen konkreter institutioneller Bedingungen statt, die die Macht- und Herrschaftsverhältnisse der jeweiligen Gesellschaft ausdrücken.

Wenn wir uns, um ein Beispiel zu geben, einen autoritären Lehrer vorstellen, der im Frontalunterricht die Vorzüge der Demokratie preist, die er hinterher mit einem standardisierten Normtest abfragt, dann wird die Paradoxie gängigen Unterrichts deutlich. Demokratie kann nicht als abstrakter Unterrichtsinhalt vermittelt werden, sondern muß in der Person des Lehrers glaubwürdig gelebt werden. Dies muß sich dann auch in seinem konkreten Unterrichtsstil ausdrücken. Der Lehrer sollte die Wirkung gesellschaftlicher Entwicklungen und Ereignisse auf seine Person spüren und für seine Schüler sichtbar zum Ausdruck bringen.

Ein Ereignis wie z.B. die Reaktorkatastrophe von Tschernobyl beeinträchtigt das Leben und Empfinden von Lehrern und Schülern unmittelbar. Das bedeutet, daß der Lehrer, ausgehend von seiner Betroffenheit (seiner Angst, Wut, Ohnmacht, Verzweiflung usw.), einen persönlichen Bezug zur Thematik herstellen sollte. Auf diese Weise erfahren die Schüler, wie zunächst als abstrakt empfundene gesellschaftliche Einwirkungen, wie die Benutzung von Atomenergie, in das Leben und Erleben des einzelnen eingreifen. Und sie erfahren auch, daß sie – ob sie wollen oder nicht – Teilhabende dieser gesellschaftlichen Entwicklungen sind. Das Akzeptieren und bewußte Erfahren der Gefühle stellt einen ersten Schritt dar, sich auch als aktiver Teil der Gesellschaft zu begreifen und sich einzumischen.

Durch die Einbeziehung des persönlichen Hintergrunds erleben die Schüler gesellschaftliche bzw. politische Inhalte als zu ihnen gehörig. Sie entwickeln auf diese Weise ein Bewußtsein, daß ihr eigenes Leben und die Welt draußen nicht getrennt voneinander existieren, sondern zusammengehören und in Abhängigkeit voneinander stehen.

Gestaltpädagogik legt daher Wert darauf, daß lebensgeschichtliche Inhalte der Schüler, die Dynamik der Lerngruppe sowie die aktuelle Befindlichkeit von Lehrern und Schülern, gleichwertig neben den herkömmlichen Inhalten, Thema im Unterricht sein können.

Dies kann auf verschiedene Weise geschehen. Eine Möglichkeit ist die Auseinandersetzung mit dem »Selbst« als eigenständiges Thema, wie z.B. »Wieso kann ich mich so schlecht konzentrieren?« oder »Warum habe ich bei Klassenarbeiten manchmal das Gefühl, alles, was ich weiß, sei wie weggeblasen?« oder »Warum mögt ihr mich alle nicht?« usw.

Eine andere Möglichkeit ist – analog dem Ansatz der Themenzentrierten Interaktion (TZI) – die Thematisierung ähnlich persönlicher Inhalte im Rahmen des Fachunterrichts. Die obige Fragestellung »Wieso kann ich mich so schlecht konzentrieren?« kann sich z.B. ganz aktuell im Verlauf einer Englisch-, Erdkunde- oder Mathematikstunde ergeben und kann eventuell – entsprechend dem TZI-Postulat »Störungen haben Vorrang« – an die Stelle des Fachinhalts treten.

Für die didaktische Strukturierung beider Möglichkeiten (Arbeit am Selbst und an der Gruppe als eigenständiges Thema bzw. im Rahmen des Fachunterrichts) hat die Gestaltpädagogik ein reichhaltiges Inventar an Methoden und Übungen entwickelt (vgl. Kap. 3), die entsprechend den Anforderungen der jeweiligen Situation verwendet werden können.

Ziel all dieser Bemühungen ist es, bei Lehrern und Schülern einen Selbstklärungsprozeß zu unterstützen, der zur Weiterentwicklung der Person und zum Aufbau einer »selbst«-bewußten Identität beitragen soll.

In dem hier skizzierten Bereich überschneiden sich auch fachliche und gesellschaftliche Aspekte; denn wenn ich mir über eigene Verhaltensmuster bewußt werde, lerne ich sowohl etwas über Kommunikation (fachlicher Aspekt), wie auch über Konventionen und Normen (gesellschaftspolitischer Aspekt). Indem Gestaltpädagogik auf eine solche Bewußtwerdung abzielt, leistet sie zugleich einen Beitrag zum Abbau von Introjekten (nicht freiwillig in die Persönlichkeit integrierte Normen) und legt die Grundlage für eine größere Entscheidungsfreiheit der Person. Diesem Ziel dient auch die Thematisierung der aktuellen Befindlichkeit von Schüler und Lehrer. Indem sie mit sich selbst und der Situation in Kontakt sind, lernen sie ihre Bedürfnisse zu erkennen und ggf. zu artikulieren, was eine wesentliche Voraussetzung für ein integriertes Wachstum der Person darstellt.

Der psychologische Aspekt

Wenn wir sagen, die psychologische Didaktik sei der Kern gestaltpädagogischen Unterrichts, dann steht dahinter unsere Auffassung, daß es letztlich der Mensch ist, der lernt, daß es der Mensch ist, der sich von fachlichen und/oder politischen Inhalten angezogen fühlt oder sich von ihnen abwendet, daß es schließlich der einzelne Mensch ist, der – seinen Interessen entsprechend – handelt oder nicht handelt, glücklich ist oder leidet. Wir betonen dieses individuelle Menschsein an dieser Stelle nicht deshalb, weil wir der Individualisierung und Verinnerlichung das Wort reden wollen, sondern weil es unsere Überzeugung ist, daß alle Zusammenhänge, in denen z.B. der einzelne Lehrer oder der einzelne Schüler steht, schließlich und endlich im individuellen Fühlen bzw. in der individuellen Entscheidung und Handlung erfahrbar und sichtbar werden. Aktuelle Befindlichkeit (z.B. Kopfschmerzen), Dynamik einer Gruppe (z.B. Aggressionen gegen einen Mitschüler oder Lehrer) oder lebensgeschichtliche Inhalte (z.B. Beziehungen zu meiner Familie) werden im täglichen Unterricht auf zwei Ebenen bedeutsam:

- Auseinandersetzung mit dem »Selbst« (mir selbst) und mit der Gruppe, d.h. Thema des Unterrichts ist dann ein einzelner Schüler oder Lehrer bzw. die Beziehung zwischen Gruppenmitgliedern;
- Verbindung von fachlichem und persönlichem Lernen, d.h. Thema des Unterrichts ist dann – eingebunden in die persönliche Bedeutsamkeit des jeweiligen Zusammenhangs – ein Fachinhalt wie z.B. Grammatik oder Prozentrechnung.

3. Methoden der Gestaltpädagogik

Die Methoden, die wir im folgenden vorstellen, zielen auf die Entwicklung von integrierten Lernprozessen ab (vgl. Kap. 2). Wir verstehen darunter Lernvorgänge, die das Denken, Fühlen und Handeln (auf den Ebenen Leib/Seele/Geist) der Schüler und des Lehrers berücksichtigen und besondere Ausdrucksmöglichkeiten eröffnen (vgl. Kap. 1.3.). Die Gestaltpädagogik bedient sich dabei spezieller, aus der Gestalttherapie stammender Methoden, wie z.B. Identifikations- und Phantasieübungen, greift aber auch auf bewährte Methoden, wie z.B. Rollenspiele (Psychodrama) und gruppendynamische Verfahren zurück. Die besondere Qualität gestaltpädagogischen Unterrichts läßt sich nicht allein an der Auflistung kreativer Methoden ablesen, sondern findet ihren spezifischen Ausdruck in der Realisierung einer vertrauensvollen, die verschiedenen Sinne und Empfindungen möglichst vielfältig anregenden Atmosphäre. Gestaltpädagogik versucht damit, die Ergebnisse der modernen Lernforschung einzubeziehen, die die Notwendigkeit der Berücksichtigung der kognitiven und emotionalen Aspekte des Lernens fordern. Durch das weitgefächerte Angebot unterschiedlicher Methoden trägt sie darüber hinaus zu einer Einbeziehung der Vielfalt individueller Lernstrategien der Schüler bei und effektiviert das Lernen. Durch Entspannungsübungen, das Einbeziehen kreativer Medien u.ä. werden die Schüler auf verschiedenen Sinnesebenen angesprochen und können den Lernstoff entsprechend ihren individuellen Voraussetzungen integrieren. Auf diese Weise wird den Erfordernissen ganzheitlichen bzw. persönlich bedeutsamen Lernens Rechnung getragen.

Neben der effektiveren und lustvolleren Vermittlung von fachlichen Inhalten zielen die Methoden auch immer darauf ab, den Bezug der Lerninhalte zur Person herzustellen und für das Lernen zu nutzen. Damit wird Lernen auch immer Selbsterfahrung und Selbsterkenntnis. Diese enge Verbindung von fachlichem und persönlichem Lernen erfordert, daß der Lehrer selbst in Kontakt mit sich, der Gruppe und dem Lernstoff ist und die Methoden nicht als bloße Techniken oder Motivationstricks verwendet. Ganzheitliches Lehren setzt voraus, daß der Lehrer selbst bereit ist, sich auf den Weg ganzheitlichen Lernens zu begeben (vgl. Kap. 5: Zur Entwicklung einer gestaltpädagogischen Lehrerhaltung).

Wie man aus unseren Unterrichtsvorschlägen (vgl. Kap. 4) ersehen kann, werden die verschiedenen Methoden häufig miteinander kombiniert. Aus Gründen der Darstellung beschreiben wir sie hier getrennt. Die Diktion der verschiedenen Kapitel ist uneinheitlich und spiegelt die individuellen Unterschiede der Autoren wider.

3.1. Identifikation

In der Gestaltpädagogik soll versucht werden, die grundsätzliche Einheit von kognitiven und affektiven Anteilen beim Lernprozeß bzw. den Lerninhalten ernst zu nehmen. Wir gehen von der Voraussetzung aus, daß jeder uns umgebende Sachverhalt, jede Information, jedes Problem, jeder Konflikt auch immer eine gefühlsmäßige Ladung hat, eine irgendwie geartete persönliche Bedeutsamkeit. Sehr oft ist uns dies nicht bewußt, und die Sachverhalte bleiben für uns äußerlich, sie berühren uns nicht. Dadurch verkommt Lernen zur Aneinanderreihung von Fakten, zur reinen Gedächtnisleistung. Die »affektive Aufladung«[1] als Methode erhöht die persönliche Bedeutsamkeit und die Gedächtnisleistung. Außerdem werden dadurch verstärkt persönliche Sinnfragen aufgeworfen und ein Problembewußtsein geschaffen, wie es durch die Betrachtung aus der kognitiven Dimension allein nicht oder nur zufällig geschehen könnte. Die Anwendungsmöglichkeiten der Identifikation sind sehr vielfältig. Als Vorbereitung einer Zeichnung im Kunstunterricht beispielsweise empfiehlt es sich, sich vorher mit dem zu zeichnenden Gegenstand zu identifizieren.

Übungsbeispiele

- Um die Schönheit, Einmaligkeit, besondere Bedeutung usw. eines Steins, einer Blume, eines Baums, eines Bildes beispielsweise wirklich zu sehen, im Sinne eines inneren Schauens und einer

1) PHILIPS, M., 1978, S. 24

inneren Ergriffenheit vor dem Wunder der Natur, lösen wir uns mittels eines meditativen Prozesses von unserer Identität und werden zu jenem Baum. . .
Als einfacher methodischer Hinweis dient, sich als dieser Baum zu begreifen, indem alle Sätze mit »Ich« angefangen werden.

»Ich bin ein Baum, ich habe einen großen, dicken Stamm und viele grüne Blätter, in denen meine Nährstoffe sind. Ich stehe hier schon ungefähr 200 Jahre und habe schon viel erlebt. Wenn der Wind weht, schwanke ich hin und her und erzeuge ein raschelndes Geräusch. . .

Es gibt viele Bäume neben mir und doch bin ich einmalig; kein anderer sieht so aus wie ich. Meine Wurzeln gehen tief in den Boden und geben mir den Halt. Jeden Herbst verliere ich meine Blätter, dann bin ich nackt und im Frühjahr erhalte ich wieder neue Blätter. Jedes Jahr erhalte ich in meinem Stamm einen Ring usw.

Bei der anfänglichen Benutzung dieser Methode erleichtert man das Erlernen dieses Verfahrens, indem man drei anregende Fragen anbietet:

– Beschreibe dich, wie siehst du aus?
  (Farbe, Größe, Oberflächenstruktur, Geruch, Geschmack. . .)
– Was denkst du und was fühlst du?. . .
– Was würdest du gerne tun?. . .

Die Identifikation mit einer handelnden Person eines Theaterstücks, eines Textes, mit einer Pflanze, einem Gegenstand oder ähnlichem wird in der Gestaltpädagogik häufig eingesetzt, um die persönlich geprägten emotionalen Ladungen des betreffenden Themas bewußter zu machen und für den Lernprozeß zu nutzen.

Um die Tiefe des Konflikts in einem Drama beispielsweise auszuloten, identifizieren wir uns mit der Hauptfigur, indem wir uns zuerst beschreiben und dann auf unsere innere Zerrissenheit und Widersprüchlichkeit eingehen. Erweitern läßt sich dies, wenn wir uns nacheinander mit mehreren Personen bzw. Rollen identifizieren.

Um die Tiefe, emotionale Bedeutung und tiefe Sinnhaftigkeit von Wortbedeutungen zu erfassen (z.B. Freiheit, Gerechtigkeit usw.), identifizieren wir uns mit ihnen.

● Eine etwas abgewandelte Form der Identifizierung ergibt sich, wenn wir den Schüler bitten, sich möglichst vollständig und ganzheitlich auf das zu behandelnde Thema einzulassen. Z.B. bitten wir den Schüler im Musikunterricht, sich mittels eines meditativen Prozesses (vgl. Entspannung im Kapitel 3.2.) auf das Hören eines Musikstükkes einzulassen.

»Ich höre diese Musik. Ich höre am deutlichsten das Klavier. Ich genieße die Töne in meinen Ohren. Ich denke, hoffentlich hört die Musik nicht auf. Ich freue mich schon immer auf den Refrain, da kann ich innerlich mitsingen. . .«

- Oder: bei der Bildbetrachtung bitten wir die Schüler, sich ein Bild aus einem größeren Angebot auszuwählen, von dem sie sich besonders »angesprochen« fühlen. Dabei teilt man ihnen mit, daß sie keine Begründung für ihre Wahl brauchen, sondern eher nach dem Kriterium wählen sollen: »wo verweile ich mit meinen Augen, bei welchem Bild werden welche Gefühle bei mir ausgelöst usw.. . .?«

  Dann bitten wir die Schüler sich eine Zeitlang vor das Bild zu setzen und es lediglich auf sich wirken zu lassen. Anregende Fragen – insbesondere, wenn das Verfahren noch nicht bekannt und diese Art der Bildbetrachtung noch nicht selbstverständlich ist – könnten evtl. die folgenden sein:

  – Was siehst du?
  – Welche Gefühle und Stimmungen löst das Bild bei dir aus?
  – Welche Erinnerungen, Assoziationen verbindest du damit?
  – Was spürst du in deinem Körper?

- Oder: wir lesen Anzeigen (Bekanntschaften, Brieffreundschaften. . .) und lassen uns von folgenden Fragen leiten:

  – Was steht »inhaltlich« in der Anzeige?
  – Wie wirkt die Anzeige auf uns, bzw. wie und in welcher Weise fühlen wir uns angesprochen?
  – Welche Phantasien können wir über den Verfasser der Anzeige entwickeln?
  – Wie würde ich selbst eine Anzeige aufgeben?
  (Weitere Anwendungsmöglichkeiten siehe Kapitel 4).

Hier geht es also darum,

– den Lernprozeß so weit wie möglich auf das Hier-und-Jetzt zu konzentrieren (dies deshalb, da der Einbezug von Emotionen nur im Hier-und-Jetzt erlebt werden kann);

– den Lernenden auf allen Ebenen anzusprechen. Angesprochen werden seine Sinne, seine Gefühle und seine körperliche Befindlichkeit, um damit eine tiefere Betroffenheit zu bewirken;
– dem Lernenden zu verdeutlichen, daß Wissen und Erkenntnis der uns umgebenden Welt immer verbunden sind mit Wissen und Erkenntnis über uns selbst. Der wechselartige Charakter des Lernens kann hier sehr deutlich aufgezeigt werden.

Auch Konflikte oder Spannungen in der Klasse lassen sich mit Hilfe von Identifikationsübungen klären. Wenn z.B. ein Schüler sich als Außenseiter fühlt und diese Situation gern verändern möchte, könnte man folgendermaßen vorgehen:

- Man stellt zwei Stühle in die Mitte. Die Schüler und der Lehrer sitzen im Kreis um diese beiden Stühle herum. Der eine Stuhl symbolisiert den Schüler, der sich als Außenseiter fühlt (»Schüler-Stuhl«), der andere Stuhl symbolisiert die Klasse (»Klassen-Stuhl«). Der Lehrer schlägt dem Schüler vor, sich zunächst auf den »Schüler-Stuhl« zu setzen und in der Ich-Form seine Situation zu beschreiben: »Ich bin ein Schüler der Klasse 6 a. Ich unterscheide mich von allen Schülern, weil ich der einzige bin, der nicht so richtig dazugehört. Das macht mir eine Menge aus und ich komme schon gar nicht mehr gern zur Schule, usw.«

  Jetzt fordert der Lehrer den Schüler auf, sich vorzustellen, daß auf dem Stuhl gegenüber die Klasse sitzt. Er schlägt ihm vor, die »Klasse« mit Du anzureden und ihr mal seine Situation zu erzählen: »Ich bin ein Teil von dir, der sich von allen anderen deiner Teile unterscheidet. Ich gehöre nicht so richtig zu Dir. . .«

  Jetzt fordert der Lehrer den Schüler auf, den Platz zu wechseln und sich auf den »Klassen-Stuhl« zu setzen und von dort dem Schüler zu antworten: »Ja, wenn du immer so viele von uns verkloppst, wollen wir auch nicht mehr mit dir spielen. . .«

  Dieser Dialog kann von dem Schüler durch häufigeres Hin- und Herwechseln zwischen den beiden Stühlen weitergeführt werden.

- Als Erweiterung dieses methodischen Settings kann man auch den umsitzenden Schülern und dem Lehrer die Möglichkeit geben, sich an der Klärung der Situation zu beteiligen. Der Lehrer schlägt vor, daß jeder sich überlegt, von welchem der beiden Stühle aus er/sie gern etwas sagen möchte; die Schüler haben dann nacheinander die Möglichkeit, sich hinter den »Schüler-Stuhl« oder den »Klassen-

Stuhl« zu stellen und auf dem Wege der Identifikation in den Dialog einzugreifen. Sie können auch mal vom »Schüler-Stuhl« aus sprechen und später dann vom »Klassen-Stuhl«, je nachdem, von welcher Position aus sie etwas Wichtiges sagen möchten.

Auf diese Weise kann die Außenseiter-Problematik durch eine Beteiligung vieler Schüler vorangebracht werden. Auch der Lehrer kann und soll sich an dieser Übung beteiligen. Vor allem am Anfang, wenn die Schüler mit der Methode noch nicht recht vertraut sind oder Hemmungen haben, sich einzumischen, ist es gut, wenn der Lehrer – möglichst von beiden Stühlen aus – ein Beispiel gibt. Während die Methode mit den beiden Stühlen aus der Gestalttherapie übernommen wurde (»Leerer Stuhl«), ist das Eingreifen der Gruppe in den Dialog eine Methode, die im Rahmen des Psychodramas (MORENO) entwickelt wurde und »Doppeln« genannt wird. Beide Übungen ermöglichen den Schülern eine Identifikation mit beiden Seiten des Konflikts und die Schüler erfahren auf diese Weise ihre eigene Beteiligung bzw. ihren persönlichen »Anteil« am Zustandekommen und – was genauso wichtig ist – am Aufrechterhalten des Konflikts.

Im Laufe eines solchen gemeinsamen Dialogs der beiden Stühle könnte sich herausstellen, daß der vorliegende Außenseiter-Konflikt etwas zu tun hat mit der allgemeinen Schwierigkeit im Umgang mit »Nähe« und »Distanz«. Auch hier könnte der Lehrer mit Hilfe der Identifikation weiterarbeiten:

- Er nimmt zwei andere Stühle und »setzt« auf den einen Stuhl die »Nähe« und auf den anderen die »Distanz« und schlägt der Klasse folgendes vor: Wer Lust hat, sich auf einen der beiden Stühle zu setzen, spricht zu dem anderen Stuhl in der Ich-Form. Die anderen Schüler können sich, wenn sie wollen, ebenfalls auf den Stuhl setzen, wenn er wieder frei ist bzw. sich hinter einen der beiden Stühle stellen, wenn sie besetzt sind. Es könnte folgender Dialog entstehen: »Ich, die Nähe, bin ganz wichtig auf dieser Welt. Wenn es mich nicht gäbe, wären alle Menschen nur grausam und brutal.« Die »Distanz« könnte darauf antworten: »Ohne mich geht gar nichts, ich schenke der Welt Ordnung und Sicherheit usw.. . .«

Die Schüler machen während dieser Übung in der Regel die Erfahrung, daß es beides, Nähe und Distanz, in unserem Leben geben muß, daß nicht eins von beiden das »Gute« und das andere das »Böse« ist. Sie spüren am eigenen Leibe, daß sie zwar einer dieser beiden Polaritäten näher stehen, daß sie aber die jeweilige andere Seite ebenso von sich kennen. Es lassen sich von hier aus im Rahmen eines anschließenden Unterrichtsgesprächs wichtige Schlüsse auf die Außenseiterproblematik ziehen, d.h. daß ich nur Außenseiter sein oder werden kann, wenn ich selbst einen Teil dazu beitrage und umgekehrt: daß es auch etwas mit mir zu tun hat, wenn es in einer Gruppe, der ich angehöre, einen Außenseiter gibt.

3.2. Phantasieübungen

Phantasieübungen und Phantasiereisen spielen in einem gestaltpädagogisch orientierten Unterricht eine wesentliche Rolle, sind aber keine Methoden, die nur in der Gestaltpädagogik verwendet werden. Gerade in jüngster Zeit ist die Bedeutung der Phantasie zur Steigerung der Kreativität in größerem Umfang bekannt und aufgegriffen worden, was sich u.a. in etlichen Publikationen niedergeschlagen hat.[1)] Bevor wir auf die methodischen Anwendungsmöglichkeiten näher eingehen, sollen einige grundsätzliche Aussagen zur Bedeutung und Bewertung von Phantasie gemacht werden.

Gemeinsam ist allen Phantasieformen bzw. Übungen, uns mittels Entspannung möglichst tief in uns zu versenken und dann – mit Hilfe einer kleinen Anleitung – Bilder, Gedanken, Szenen ohne Kontrolle in uns aufsteigen zu lassen. Neurophysiologisch wird durch Entspannung und Versenkung (meditative Haltung) die Aktivität der rechten Gehirnhälfte angeregt. Dabei sind vor allem die Alphawellen mit einer Schwingung von 8–12 Hertz, die auf eine hohe Konzentration hinweisen, interessant. Sie zeigen eine Aktivität der rechten Gehirnhälfte. Die Folge ist, daß eher Nichtbewußtes, Unterbewußtes und auch Überbewußtes auf der inneren Leinwand auftauchen. Die linke Gehirnhälfte steuert Sprache, rational-kausales Denken in Ursache-Wirkungszusammenhängen, ist eindimensional und betont Konformität und Realität. Die rechte Gehirnhälfte hingegen betont eher das intuitiv-bildhafte Denken und die assoziative Vorstellungswelt, sie steuert Gefühle, Intuition und das Denken in größeren Zusammenhän-

---

1) GAWAIN, S. 1984. MÜLLER, E. 1983. STEVENS, J. O. 1977

gen. Denken in Beziehungen ist eher künstlerisch und spirituell. Als Modell dient hier nicht das monokausale Denken, sondern eher die Vorstellung eines Netzwerks: Jedes Ganze ist Teil eines größeren und alles steht mit allem im Zusammenhang. Vereinfacht könnte man sagen: Das linke Hirn denkt logisch, das rechte analog. Diese Funktionstrennung ist lediglich als eine grobe Vereinfachung anzusehen, weil wir andererseits aus der modernen Neurophysiologie wissen, daß in jeder Zelle die volle Information gespeichert ist und daß Funktionen beschädigter Teile des Gehirns von anderen Teilen des Gehirns übernommen werden können.[1)]

Die Auseinandersetzung spielt sich leider oft in der Form ab, daß die »Rationalisten« gegen die »Gefühlsduseligen« erbitterte Auseinandersetzungen über den »richtigen Weg« führen. Dabei ist es wichtig festzustellen, daß es nicht darum gehen kann, die linke und die rechte Gehirnhälfte gegeneinander auszuspielen, sondern eher darum, möglichst unser ganzes Potential auszuschöpfen.

CAPRA[2)] hat u. E. überzeugend dargelegt, daß die ausschließliche Betonung des zweckrationalen, logischen Denkens seit Descartes unsere weltgeschichtliche Entwicklung in jeder Beziehung in eine Sackgasse geführt hat.

Marilyn FERGUSON schreibt: »Wir isolieren Herz und Geist – Gefühle und Verstand. Abgeschnitten von der Einbildungskraft, den Träumen, Eingebungen und holistischen Prozessen der rechten Gehirnhemisphäre, ist die linke steril. . . Wir schwimmen in einem Wissen, das wir noch nicht in Anspruch genommen haben – ein Wissen, das durch jenen Bereich des Gehirns vermittelt wird, der das, was er weiß, nicht zu benennen vermag. . . Das Wiedererkennen. . . ereignet sich, wenn das analytische Gehirn mit seinem Vermögen, zu benennen und zu klassifizieren, die Weisheit seiner anderen Hälfte zu voller Bewußtheit kommen läßt. . .«[3)]

Es ist offensichtlich, daß unser Schulsystem das rationale, monokausale Denken mehr fördert als das beziehungsstiftende, in Netzwerken denkende und daß es schon von daher naheliegend ist, diesem Aspekt unseres Daseins eine erhöhte Beachtung zu schenken. Wir müssen uns klar machen, daß unsere Intuition und unser tiefes Innenleben, neben

---

1) Vgl. GOLDSTEIN, K. 1934
2) CAPRA, F. 1982
3) FERGUSON, M. 1983, zitiert nach BERENDT, J.E., 1985

dem logisch-zweckrationalen Denken, als eine gleichberechtigte und notwendige Form der Erkenntnisgewinnung angesehen werden muß. Die Vorstellung, daß wir alle einen unendlichen Reichtum an Wissen, Weisheit und ein tiefes Gefühl der Verantwortlichkeit für diese unsere Welt in uns tragen, ist faszinierend, und es scheint kein Zufall zu sein, daß sich unter modernen Wissenschaftlern die Versenkung in sich selbst (Meditation) als eine (zusätzliche) selbstverständliche Methode zur Erkenntnisgewinnung durchzusetzen beginnt.

Übungsbeispiele

Die einfachste Form der Phantasietätigkeit ist, wenn man jemanden bittet, sich einen Gegenstand oder eine Situation vorzustellen, über die man mit ihm sprechen oder die man ihm erläutern will, die im Moment aber nicht konkret verfügbar ist.

- Man möchte mit den Schülern im Englischunterricht über den Themenbereich »traffic« sprechen. Als Einstimmung bittet man die Schüler: »Stell dir die Straße, in der du wohnst vor. . . Was siehst du. . .? Was hörst du. . .? Welche Gefühle spürst du. . .?« (Allgemeine Hinweise zur Durchführung von Phantasiereisen siehe am Ende dieses Kapitels).

Der Unterschied zur bloßen Erinnerung liegt darin, daß wir den Schüler bitten, sich ein ganzheitliches Bild vor seinem inneren Auge vorzustellen. Wir legen Wert darauf, daß er sich kognitiv, emotional und körperlich gleichzeitig erinnert, wir legen Wert darauf, daß er ganzheitlich ergriffen wird, und wir unterstützen ihn mit dieser Methode, die Realität bewußter wahrzunehmen.
Die »Auswertung« dieser kleinen Reise könnte darin bestehen, daß wir die Schüler bitten, diese Phantasie zu malen. Anschließen könnte sich eine Wortschatzübung zum Bereich »traffic« einschließlich der Berücksichtigung von Gerüchen und Geräuschen.

- Ein anderer Anwendungsbereich der Phantasiereise ergibt sich, wenn es sinnvoll ist, eine erlebte Situation, die dem Ende zugeht, bewußt abzuschließen (Schließen der Gestalt), um dann offen zu sein für neue Erfahrungen.

  Beispielsweise: »Wir sind jetzt am Ende unseres Schullandheimaufenthalts angelangt. Schließe deine Augen. . ., atme ruhig und

regelmäßig... Jetzt gehe in deiner Phantasie zurück zu dem Tag, an dem du abgefahren bist... Hol dir die Situation her, ... du gehst oder fährst zur Schule... Dort wartet der Bus... Neben wem sitzt du..., über was unterhaltet ihr euch, wie fühlst du dich, welche Gedanken oder Sorgen machst du dir eventuell über die bevorstehende Zeit... Du kommst an... Welchen Eindruck machen das Haus und die Leute auf dich..., wie fühlst du dich jetzt?...
Deine erste Nacht, weg von zu Hause... Wie fühlst du dich?...«, usw.
Man könnte dann die Reise nach äußeren Ereignissen oder nach Zeitabschnitten gegliedert weiterführen.

»... Und jetzt sitzen wir zum letzten Mal zusammen... Wie geht es dir jetzt, wie ist dir zumute... Mach dir klar, daß du in wenigen Stunden im Bus sitzen wirst und zurückgefahren wirst... und daß diese Erfahrungen unweigerlich zu Ende gehen werden... Vielleicht kannst du dich innerlich verabschieden von der Natur, dem Haus, den Leuten... und anfangen, dich darauf einzustellen, auf das Neue und Andersartige, daß dich anschließend erwartet...«

Die Funktion der Phantasiereise besteht hier darin, daß der Schüler die Möglichkeit erhält, eine Erfahrung noch einmal voll und mit allen Facetten erleben zu können. Er kann nachträglich neue Bewertungen bestimmter Ereignisse erleben und er erhält dann die Möglichkeit, sich davon zu verabschieden, um anschließend für neue Erfahrungen offen zu sein. Im Unterschied zu einer Diskussion bietet die Phantasiereise die Möglichkeit, daß jeder genügend Zeit erhält, sich reichhaltig und ganzheitlich mit dem Ereignis oder der Situation zu konfrontieren. Die Betroffenheit und die Lebendigkeit werden wesentlich größer.

Neben dieser Art von Phantasiereisen, bei der reale Situationen, Ereignisse und Beziehungen verdeutlicht werden können, gibt es eine weitere Form, bei der die Realität in der Phantasie im Rahmen einer Utopie verändert werden soll.

- Im Sozialkundeunterricht haben Schüler beispielsweise über Demokratie, Diktatur, über praktizierten und idealen Sozialismus gesprochen. Eine Phantasiereise folgenden Inhalts könnte sich anschließen:

»Setz dich so bequem wie möglich, entspanne dich, schließe deine Augen...
Du steigst in einen Zug... und du fährst weit und lange. Jetzt hält er..., du steigst aus und bist auf einer Wiese, du schaust dich um und

gehst über die Wiese bis zu einem Tor. . . Du bist neugierig und machst das Tor auf und merkst, du bist in einem anderen Land und hinter dem Tor ist ein großes Schild, auf dem steht: Hier beginnt das Land des Sozialismus.
Du schaust dich um. . ., was du alles siehst. . ., wie die Leute hier sind, was sie tun. . ., wie sie miteinander reden. . ., wie sie wohnen. . ., wohin sie gehen. . . Such dir mal einen aus und guck ihn dir genau an. . . und frage ihn, was du von ihm wissen willst. . . Was antwortet er dir. . .
Verabschiede dich vom Land des Sozialismus, dreh dich um und geh langsam wieder zum Tor. . . Schau dich noch einmal um und dann geh wieder zurück über die Wiese zum Zug und fahre wieder die weite und lange Strecke zurück. . .«

Analog könnte man die Phantasiereise mit dem Land Freiheit oder eventuell im Religionsunterricht mit dem Begriff Paradies machen.

Das Ziel liegt hier darin, Denk- und Erfahrungsmöglichkeiten aufzubrechen, zu erweitern und die Utopie anzuregen. Im Grunde geht es darum, in gewisser Weise zur kindlichen und ungebremsten Kreativität zurückzufinden. Durch die höhere Ichbezogenheit und das emotionale Involviertsein als auch durch die innere Freiheit (es ist ja »nur« die Phantasie), kann der Schüler viel eher riskieren, seine Umwelt umzugestalten, er kann mit seinen Wünschen und Sehnsüchten nach einer anderen Welt in Kontakt kommen, er kann spüren (nicht nur wissen), was ihm fehlt. Der Vorteil der Phantasiereise im Vergleich zu einer bloßen Ideensammlung (brainstorming) liegt u. E. darin, daß der Schüler ganzheitlicher und intensiver angesprochen wird.

Neben den eben skizzierten Beispielen gibt es noch Phantasiereisen, die den Schwerpunkt mehr auf die Erkundung und Erweiterung des eigenen Selbst legen.

Das besondere hierbei ist, daß wir neue Erfahrungen und Erkenntnisse aus uns selbst schöpfen können. Dies halten wir für einen wesentlichen Aspekt und eine Erweiterung bisheriger pädagogischer Konzepte, denen gemeinsam ist, daß die Erweiterung von Wissen und Erfahrung etwas ist, das ausschließlich durch die Auseinandersetzung mit der Umwelt stammt, während hier postuliert wird, daß wir durch die Auseinandersetzung mit unserem

Tiefenselbst zu neuen Erkenntnissen gelangen können. Als Prototyp einer solchen Erfahrung mag die sog. »Schamanenreise« gelten.[1)]

- Die Teilnehmer werden gebeten, sich vorzustellen, mittels musikalischer Untermalung[2)] eine Reise anzutreten. Nach der Entspannung wird den Teilnehmern etwa mitgeteilt:

  »Wenn die Musik einsetzt, wirst du eine weite Reise ins Innere der Erde antreten. Such dir als Einstieg einen Keller, einen Baumstumpf, einen U-Bahnschacht oder irgend etwas, das du kennst. Du wirst dann weit und lang reisen und auf deiner Reise allerlei sehen und erleben, u.a. wirst du Krafttieren begegnen. Wenn du eine für dich wichtige Frage hast, dann kannst du sie diesem Krafttier stellen. Dieses Krafttier ist sehr weise, höre gut zu, welche Antwort du erhältst. . .«

Die »Auswertung« dieser kleinen Reise könnte darin bestehen, daß sich die Schüler ihre Reise paarweise erzählen und in der großen Runde dann kurz ihr Krafttier und die erhaltene Antwort benennen. Eine andere Möglichkeit bestünde darin, daß die Schüler zuerst ihre Reise malen. Anschließen könnte sich ein Gespräch über bewußt – unbewußt, über die Bedeutung unseres Unbewußten im Traum und in der Phantasie und über die Notwendigkeit, sich bei Entscheidungen und anstehenden Veränderungen auf sich selbst zu verlassen.

Als Abwandlung kann die Schamanenreise auch mit einer ganz bestimmten Frage, die sich aus dem vorhergehenden Unterricht ergeben hat, angetreten werden (z.B.: »Was kann ich zur Verbesserung des Klassenklimas beitragen?«)

Einige grundsätzliche Hinweise zur Durchführung von Phantasiereisen

Wir können gelenkte, mehr oder weniger straff strukturierte Phantasiereisen unterscheiden von solchen, die relativ offen sind.

---

1) Zur detaillierten Auseinandersetzung mit dem Wesen und der Funktion Schamanismus und deren Bedeutung für die »moderne« westliche Zivilisation; vgl. Michael HARNER, 1982 oder Holger KALUWEIT, 1984

2) Als musikalische Untermalung empfiehlt sich eine Zusammenstellung von Musikstükken aus verschiedenen Aufnahmen von KITARO und VANGELIS – der Zusammenschnitt ist bei den Autoren zum Selbstkostenpreis zu erhalten.

Wenn man z.B. Schülern nach einer Entspannung sagt: »Und nun, laß deiner Seele Flügel wachsen, geh irgendwohin, laß dich irgendwohin tragen. . .«, dann werden keinerlei Einschränkungen gemacht, keine emotionale Auflage oder Einengung. Bei gelenkten Phantasiereisen andererseits geht es eher darum, eine mehr themenspezifische Erfahrung zu machen. Um dies zu erreichen, sind mehr und spezifische Vorgaben nötig.

Bereitstellen einer entsprechenden Atmosphäre

Der Lehrer sollte dafür sorgen, daß in der Klasse eine emotionale Offenheit gegeben ist, eine gesammelte Aufmerksamkeit und Bereitschaft, sich auf das innere Erleben, auf den Atem und körperliche Empfindungen einzulassen. Als Minimalvoraussetzung auf Seiten des Lehrers betrachten wir, daß er sich selbst schon einmal als Teilnehmer einer »Anleitung« ausgesetzt hat. Ist man Anfänger, und die Schüler noch nicht oder wenig an diese Methode gewöhnt, empfiehlt es sich, mit einer einfachen und kurzen Reise anzufangen. Als Haltung empfiehlt sich: bequeme Sitzhaltung, geschlossene Augen, bewußtes Atmen, evtl. Kopf in die verschränkten Arme legen. Der Lehrer muß sich unbedingt der Gefahren bewußt sein, die er mit der unverantwortlichen Durchführung von Phantasiereisen heraufbeschwören kann.[1)]

Eine Hauptgefahr liegt darin, daß bei einer Phantasiereise tiefere Gefühle ausgelöst werden können, für die in der Klassenatmosphäre keine Bereitschaft besteht und daß das Prinzip der Freiwilligkeit der Teilnahme mißachtet wird.

Entspannung

Die Wirksamkeit einer Phantasiereise wird erhöht, wenn die Teilnehmer durch eine Entspannungsphase die Möglichkeit erhalten, von mitgebrachten Gedanken, Verspannungen usw. loszulassen und sich ganz in sich zu versenken. Wir können – grob gesprochen – von drei Arten der Entspannung sprechen:

---

1) Als Grundlage sei hier ausdrücklich auf Kapitel 5 verwiesen.

- Wir bitten die Schüler, die Augen zu schließen. . . »Du spürst, wie dein Atem ein- und ausfließt, dein Kopf wird immer schwerer, Gedanken fallen immer mehr von dir ab. . .

  Und jetzt richte deine Aufmerksamkeit auf deine Schultern. . ., du entspannst deine Schultern immer mehr. . ., dabei fließt dein Atem aus und ein. . . Gedanken fallen immer mehr ab von dir. . .«

  Man kann dies fortsetzen, indem man die Schüler bittet, sich nach und nach auf alle Körperteile zu konzentrieren. Oder man beschränkt sich lediglich auf den Kopf und bezieht sich hierbei auf Stirn, Augen, Wangen und Kiefer.

- Wir bitten die Schüler, sich noch mehr zu verspannen, um in die Entspannung zu kommen. Dies ist der Grundgedanke des sog. Jacobschen Entspannungsverfahrens. Die Schüler sitzen mit geschlossenen Augen und werden gebeten: »Und jetzt zieh deine Stirn in Falten, so sehr du kannst. . ., ganz fest. . ., so fest du kannst. . . und jetzt (nach 7 Sekunden) laß los. . . Spüre jetzt, wie die Wärme und die Entspannung in deine Stirn geht. . . und dabei geht dein Atem ruhig, tief und regelmäßig. . .«
  Dies kann man mit dem ganzen Körper machen. . .

- Wir machen relativ anstrengende körperliche Meditation, wie z.B. nach lauter rhythmischer Musik einige Minuten schütteln oder springen und dabei tief atmen. . .

  Anschließend bitten wir die Schüler, sich hinzusetzen oder hinzulegen.

Insgesamt empfiehlt es sich, die Entspannungsphase ca. 3–10 Minuten auszudehnen.

Sprechen der Anweisung

Die wichtigste Voraussetzung ist, daß der Lehrer die Entspannungsphase – zumindest teilweise – selbst mitgemacht hat und nunmehr selbst über eine gewisse innere Ruhe und Gelassenheit verfügt. Der Lehrer sollte sich den Text möglichst aufschreiben. Dieser Text sollte klar und verständlich und überprüft auf logische Widersprüche sein. Er sollte so formuliert sein, daß er eine Einladung an den Schüler ist, sich auf eine Reise zu begeben und weniger als Aufgabe verstanden wird.

Nach jeder neuen Einladung zu einer Veränderung sollte eine ausgedehnte Pause gemacht werden, deren Länge eine Sache des Fingerspitzengefühls ist.

Bevor man sich selbst an die Formulierung einer eigenen Phantasiereise macht, sollte man einige »standardisierte« Reisen gemacht haben.[1)]

»Auswertung« von Phantasiereisen

Jede Phantasiereise eines Schülers spricht zuerst einmal für sich selbst und sollte als ein gewisser Ausdruck und als Fähigkeit des betreffenden Schülers gesehen werden. Darüber hinaus gibt es verschiedene Möglichkeiten:

- Man bittet die Schüler, die Phantasiereise noch einmal zu erzählen, indem man die 1. Person Singular benutzt. Dabei kann der Schüler seine Reise noch einmal erleben, es können neue – vorher »vergessene« Aspekte – auftauchen. Die Schüler können sich die Reisen paarweise oder in Kleingruppen erzählen.

  Weiterhin kann man die Schüler bitten, die Phantasiereisen aufzuschreiben (ebenfalls in 1. Person Singular), wobei häufig eine erstaunliche Ausdrucksfähigkeit festgestellt wird.

  Man bittet die Schüler, ihre Phantasiereise zu malen. In diesem Falle sollten die Malutensilien vorher bereitliegen, um die Erfahrungen unmittelbar umsetzen zu können.

3.3. Selbst- und Fremdwahrnehmung; Selbst- und Fremdbild

Die Struktur unserer Wahrnehmung ist immer sowohl durch unsere individuelle Lebensgeschichte wie auch durch die jeweiligen gesellschaftlichen Bedingungen geprägt. Diese beeinflussen auf vielfältige Weise unsere Selbst- und Fremdwahrnehmung. In der Gestaltpädagogik fördern wir daher zweierlei: zum einen die Erfahrung, daß sowohl

---

1) Siehe hierzu u.a.: John O. STEVENS, 1977 und Shakti GAWAIN, 1984

die Fremd- als auch die Selbstwahrnehmung einen wichtigen Beitrag zur Entwicklung der Persönlichkeit leisten; zum anderen die Fähigkeit, zwischen beiden Aspekten unterscheiden zu können.

Wir können uns selbst in unserem spezifischen So-sein nicht von der äußeren Welt abkoppeln, sondern sind ein Teil von ihr. Daraus folgt, daß die Entdeckung, Erforschung und Aneignung der Wirklichkeit immer auch die »Aneignung von uns selbst« miteinschließt. K. HOLZKAMP hat dies auf die einfache und prägnante Formel gebracht: »Selbsterkenntnis ist auch immer Gesellschaftserkenntnis und Gesellschaftserkenntnis ist auch immer Selbsterkenntnis.«[1)]

In einem gestaltpädagogisch orientierten Unterricht soll und muß dieser Zusammenhang immer wieder betont werden. Zu schnell – weil es so schön einfach ist – sind wir immer wieder bereit, uns von »den anderen« zu distanzieren, von denen, die Vorurteile gegenüber Ausländern haben, die die Umwelt verschmutzen, die Streit anzetteln, die nicht »abrüsten« können usw. Es stimmt, die Welt läßt sich dann scheinbar einfacher erklären, und es läßt sich auch trefflich über »die anderen« schimpfen; leider bewirken solche Kampagnen von einem Standpunkt »außerhalb« recht wenig. Wir sind dann nicht im Kontakt mit unserem eigenen »Schatten« (C.G. JUNG), unseren destruktiven, eigennützigen, unerbittlichen Anteilen.

Ich kann z.B. einen realistischeren Bezug zur einseitigen Abrüstung bekommen, wenn ich bei mir selbst feststelle, wie schwer es mir fällt, in der Familie oder im Freundeskreis nach einem Konflikt den berühmten ersten Schritt zu tun.

Dies soll natürlich nicht bedeuten, daß ich mich – angesichts der Schwierigkeiten – nicht mehr für diese Forderung einsetze. Ich kann allerdings die gesellschaftliche Realität angemessener und verzerrungsfreier wahrnehmen, wenn ich das Thema Krieg und Frieden an mir selbst studieren kann.

Eine angemessene, möglichst verzerrungsfreie Wahrnehmung der Wirklichkeit ist am ehesten gegeben, wenn wir uns selbst möglichst verzerrungsfrei wahrnehmen, denn »wir können nur das bewirken, was wir in uns selbst verwirklicht haben« (Ina SEIDEL, zitiert nach einem Sprüchebüchlein).

Aus dem Gesagten sollte deutlich werden, daß wir die Methode der Selbst- und Fremdwahrnehmung nicht als Selbstzweck, sondern als

---

1) HOLZKAMP, Klaus, 1974, S. 162

Mittel und Voraussetzung der möglichst verzerrungsfreien Aneignung der Wirklichkeit betrachten.

Eine zentrale Methode zur Bewußtmachung von Selbst- und Fremdwahrnehmung stellt das Feedback dar.
Im Unterricht könnte die Verwendung von Feedback folgendermaßen aussehen: Bei einem aktuell ausbrechenden Konflikt zwischen zwei oder mehreren Schülern wird die Austragung unterbrochen, und die Schüler werden gebeten, den Kontrahenten mitzuteilen, wie sie sie im Moment erlebt haben. Dieses Feedback hat die Funktion, eine Unterstützung in der Wahrnehmung sowohl der eigenen Person als auch der anderen zu sein und den Konflikt konstruktiv zu bearbeiten.

Es gibt hier viele Varianten:

- die Klasse oder einzelne Schüler geben einem einzelnen Feedback im Hinblick auf eine spezifische Kategorie. Zum Beispiel bittet der Lehrer oder ein Schüler die anderen, sagt mir bzw. ihm, wie ihr sein bzw. mein Sozialverhalten in der Klasse findet; was stört, was gefällt?
- die Klasse oder einzelne Schüler geben einem Schüler »ausschließlich positives Feedback« (bekannt geworden ist diese Variante unter dem fragwürdigen Terminus »Stärkebombardement«. Es ist eine sehr gute Methode zur Hervorhebung positiver Eigenschaften und zur Stabilisierung eines positiven Selbstbildes.
  Zum Beispiel »Bitte gebt Feedback und beschränkt euch dabei auf Positives. Hilfreich ist, wenn ihr jeden Satz anfangt mit: »Ich finde gut an dir, daß. . .«

Feedback bekommen heißt, wenn ich von anderen eine Rückmeldung bekomme, welche Wirkung ich und mein Verhalten auf andere ausüben.

- Feedback ist also eine »Kontrolle« für mich im sozialen Bereich. Kontrolle heißt nicht, daß ich mich unbedingt entsprechend dem jeweiligen Feedback anpassen muß. Ich habe aufgrund des Feedbacks die Möglichkeit, mich zu entscheiden, welche Konsequenzen ich daraus ziehen will.
- Feedback hilft, »Störungen« herauszufinden, die durch mein Verhalten bzw. durch mich ausgelöst wurden.
- Feedback hilft, positive Eigenschaften und Stärken herauszufinden.
- Feedback hilft, mich selbst und meine Umwelt realistisch wahrzunehmen.

Direktes Feedback

Eine Person verhält sich oder sagt etwas in einer bestimmten Weise, und dies löst bei der anderen Person z.B. Ärger aus. Also sind beide Personen in diesem Prozeß beteiligt, und es geht um die Beziehung zwischen diesen beiden Menschen und nicht um eine Eigenschaft nur einer dieser beiden Personen.

Wenn der Feedback-Geber sagt: »Ich ärgere mich, wenn du das sagst«, wird das Problem auf zwei Personen bezogen, nämlich auf den Geber (er drückt seinen Ärger aus) als auch auf den Empfänger des Feedback (er wird mit einer Reaktion auf sein Verhalten konfrontiert). »Ich habe ein Problem mit dir und ich möchte dir das gerne mitteilen und wünsche mir, daß wir dann gemeinsam überlegen, wie wir die Situation verändern können.«
Hier sind beide »angreifbar«, und es bleibt offen, in welche Richtung die Veränderung geht.

Indirektes Feedback

Oft wird Feedback in einer indirekten Form gegeben.
Beispiel:

- Ich berichte etwas, und die Zuhörer fangen an, mit den Stühlen zu wippen, sich gegenseitig etwas zuzuflüstern, betont schweigsam dazusitzen usw.
- Oder Feedback wird in einer Form gegeben, in der sich der Geber zwar äußert, aber seine Gefühle doch nur in einer indirekten Form (Ironie, Sarkasmus usw.) äußert.
- Der Feedback-Geber versteckt sich hinter einer scheinbar objektiven Feststellung bzw. Beurteilung, er teilt nicht mit, welche Gefühle die Äußerungen bei ihm tatsächlich auslösen.

Hinweise zum Feedback

- Verletze den anderen nicht mehr als nötig. Dies gilt insbesondere für Lehrer, Trainer usw. Hier plädieren wir für das Prinzip der selektiven Offenheit, also nicht unbedingt jedes Gefühl mitzuteilen, das ich im Moment einem Schüler gegenüber habe. Wichtig ist allerdings, daß ich mir das Feedback dem Schüler gegenüber für mich selbst klarmache.

- Feedback soll nicht nur erfolgen, wenn etwas schiefgegangen ist, sondern gerade auch positive Situationen benennen.
- Feedback soll so konkret wie möglich sein.
- Beim Feedback soll klar sein, was ich jeweils mitteile: Wahrnehmungen, Vermutungen, Gefühle.
- Feedback soll sich in der Regel auf ein konkretes Verhalten beziehen und nicht pauschal sein.
- Feedback sollte möglichst unmittelbar erfolgen.
- Der Empfänger sollte zunächst zuhören, ohne zu kommentieren bzw. zu entgegnen.

Übungsbeispiele

● Zwei Teilnehmer sitzen sich gegenüber.
Einer fängt an, Sätze zu bilden, die jeweils anfangen mit »Ich finde gut an mir, daß. . .«
Zeit: ca. 1 Minute. Es empfiehlt sich, die Teilnehmer zu ermuntern, sich möglichst wenig zu kontrollieren und das zu sagen, was ihnen im Moment einfällt. Nach einer Minute wird gewechselt. Der Partner hört lediglich zu und gibt keine Kommentare. Dann folgen – ebenfalls jeweils eine Minute:
»Ich finde schlecht an mir, daß. . .«
»Ich finde schlecht an dir, daß. . .«
»Ich finde gut an dir, daß. . .«

Anschließend sprechen die beiden über ihre Erfahrung, und dann sollte ein Unterrichtsgespräch stattfinden. Deutlich sollte dabei u.a. werden:

- Ich bin nicht gut oder schlecht, fähig oder unfähig usw. im Sinne eines statischen Denkens, sondern ich verkörpere beide Anteile in mir.
- Genauso, wie es natürlich ist, über seine negativen Eigenschaften zu sprechen, ist es auch natürlich, über seine positiven Selbsteinschätzungen zu sprechen.
- Das Feedback meines Gegenüber kann mir helfen, meine Selbstwahrnehmung zu korrigieren.

- Negative Rückmeldungen – in einer entsprechend geschützten Atmosphäre vorgetragen – können sehr hilfreich sein und brauchen nicht zum Abbruch der Beziehung zu führen.

● Jeder schreibt auf einen Zettel 3 Eigenschaftswörter, von denen er glaubt, sie charakterisieren ihn am ehesten. Dann wird der Zettel gefaltet und in die Mitte gelegt. Als Gruppengröße empfiehlt sich die Größe von 3–5. Dann nimmt jemand einen Zettel aus der Mitte und liest die Eigenschaftswörter vor (wenn möglich, sollte das der Lehrer tun!). Die Gruppe versucht nun herauszufinden, zu wem dieser Zettel gehört. Wichtig ist, daß die Gruppenmitglieder sozusagen laut denken, Hypothesen entwickeln, wieder verwerfen, Vorurteile zulassen usw. Der Effekt liegt also nur zum Teil im Erraten als vielmehr im Prozeßverlauf. Wenn derjenige, um den es sich handelt, den Eindruck hat, er sei nunmehr ausreichend dargestellt, soll er sich zu erkennen geben. (Schwerpunkt auf positive Eigenschaften legen!)

Auch hierzu gibt es zahlreiche Variationen:

- Statt 3 Eigenschaften können die Schüler 3 oder 5 ganze Sätze über sich schreiben oder Wertvorstellungen, die für sie wichtig sind.
- Alle schreiben über eine Person diese 3 Eigenschaften. Hier liegt der Schwerpunkt darauf, daß ein Schüler von der ganzen Gruppe Feedback erhält. Außerdem kann sich die Gruppe über die unterschiedliche Wahrnehmung unterhalten.
- Die Schüler schreiben die Eigenschaften über den Lehrer.
- Variation (hier kann die ganze Klasse teilnehmen):
  5 Freiwillige gehen aus dem Raum, deren Namen werden an die Tafel geschrieben und jeweils unter den Namen werden durch Zuruf Eigenschaften gesammelt. Dann werden die Namen ausgewischt und die Freiwilligen wieder in den Raum gebeten, um sich jeweils unter »ihre« Liste zu stellen.

● Englisches Landschloß einrichten (Gruppengröße ca. 8 Personen): Die Teilnehmer werden zuerst in das ca. 16. Jahrhundert versetzt. Sie sollen sich ein schönes englisches Landschloß vorstellen. In diesem Schloß gibt es viele Aufgaben und Funktionen.
»Laßt mal eure Phantasie schweifen. . . In diesem Schloß gibt es viele Aufgaben und Berufe als auch gesellschaftliche Stellungen auszufüllen. Welchen Beruf, Stellung könnten die hier Anwesenden haben. . .?«

Gut ist, wenn jemand, der mal anfängt, auch möglichst alle »einordnet«, dann ist der Effekt, daß *seine* Erlebnis- und Phantasieweise über andere im Zusammenhang deutlich wird, größer. Wenn die Schüler lediglich Berufe bzw. Funktionen nennen, sollte man anregende Zusatzfragen stellen, sodaß ein möglichst lebendiges Bild von den Personen, ihren Tätigkeiten, ihrer subjektiven Ausgestaltung wie ihrer Beziehungen zu anderen im Schloß entsteht.

Hier wird Feedback auf eine spielerische Weise und indirekt gegeben. Bei dem anschließenden Gespräch kann jeder sagen, welche Zuordnungen ihn gefreut, geärgert usw. haben, bei wem er sich verstanden fühlte usw.

- Normen und Werthaltungen sammeln.

Hier geht es darum, herauszufinden, welche Gebote, Verbote, Regeln, Werte, Wertvorstellungen mein Leben und mein Denken bestimmen (bewußt und unbewußt): Den Schülern sollte vorher der Grundgedanke des »brain-storming« verdeutlicht werden: Alles, was ausgesprochen wird, sollte aufgeschrieben werden; es darf unter keinen Umständen eine Bewertung vorgenommen werden, auch keine Kommentare, keine Diskussion.

Jede Gruppe bekommt ein großes Blatt Papier (ca. DIN A 1) und einen oder mehrere Filzstifte. Die Instruktion heißt: »Bitte schreibt alle Normen, Werthaltungen, Gebote, Verbote usw., die ihr kennt, auf.«

Die Aufgabenstellung sollte nicht näher spezifiziert werden, damit die Teilnehmer möglichst unbeeinflußt ihre eigenen Assoziationen hervorbringen können.
Zeit: maximal 5 Minuten.

Erfahrungsgemäß geht das am Anfang etwas schleppend und dann immer besser. Danach werden die Teilnehmer gebeten, ihre Werke an die Wand zu pinnen. . .

Einige mögliche Fragen für das Gespräch in den Gruppen:

– Welche Normen treffen für mich zu bzw. sind mir vertraut?
– Welche Erinnerungen verbinde ich damit?
– Wie beeinflußt mich diese Haltung in meinem Denken, Fühlen und Verhalten *jetzt*, bzw. woran hindert sie mich?
– Wer findet gut bzw. könnte gut finden, daß ich diese Norm »habe«?
– Was würde geschehen, wenn ich diese Norm *nicht* »hätte«?
– Welche Regeln machen mir Angst, welche nicht?

● Übung zum Real-Selbst und Ideal-Selbst.

Bei dieser Übung geht es darum, den Unterschied zwischen Real-Selbst (so wie ich tatsächlich »bin«, welche Eigenschaften ich habe, wie ich denke und fühle usw.) und Ideal-Selbst (wie ich gerne sein möchte, von welchen Eigenschaften, Gedanken und Gefühlen ich träume usw.) zu verdeutlichen.

Die Teilnehmer füllen den Bogen »Wie möchte ich sein« aus.[1] Sie werden gebeten, ihn möglichst schnell und ohne nachzudenken, auszufüllen. Wenn alle damit fertig sind, bittet man die Schüler, sich nun einen andersfarbigen Stift zu nehmen und den Bogen noch einmal auszufüllen, mit der Instruktion: »Wie bin ich wirklich«? Anschließend bittet man sie, die jeweiligen Punkte von oben nach unten jeweils so miteinander zu verbinden, daß 2 verschiedenfarbige Kurven entstehen.

Die Auswertung empfiehlt sich in Gruppen von 3–5 Schülern.

- Sprecht zuerst darüber, welche Bereiche für euch wichtig sind und welche weniger.
- Wo sind große Abweichungen?
- Welche Gefühle und Gedanken habt ihr bei den Abweichungen?
- Welche Versuche habt ihr bereits unternommen, um das Real-Selbst dem Ideal-Selbst anzunähern?
- Welche Erfahrungen habt ihr dabei gemacht?

Auch hier gibt es viele Variationen:

- Der Lehrer kann sich bewußt machen, welche Idealvorstellungen er hinsichtlich seiner Schüler hat und kann den Bogen über seine Schüler ausfüllen.
- Die Schüler füllen aus: Wie möchte ich, daß mein Freund/Freundin, Lehrer, Eltern usw. sein sollen (ebenfalls im Vergleich mit der realen Wahrnehmung).

Wichtig dabei ist, die Schüler zu ermuntern, ihre wirklichen Wünsche und Vorstellungen zu nennen und der Realität gegenüberzustellen. Daran kann sich ein Gespräch anschließen, das das Streben nach Idealen problematisiert; über die große Kraft, die man ständig aufbringen muß, um anders zu sein, als man wirklich ist. . .

---

1) Entsprechend der Lerngruppe sollte dieser Bogen so modifiziert werden (gekürzt, erweitert), daß er dem jeweiligen Verständnis und dem Ausdrucksvermögen entspricht.

– Als weitere Variante kann der Bogen als kurzes und knappes Feedback-Instrument benutzt werden.

Wie möchte ich sein?

Dies ist ein Bogen, mit dem du herausfinden kannst, wie du gerne sein möchtest. Er ist als Hilfestellung für deine Wertklärung gedacht.

	sehr						überhaupt nicht
ideenreich	.	.	.	0	.	.	.
zuverlässig	.	.	.	0	.	.	.
gut aussehend	.	.	.	0	.	.	.
klug	.	.	.	0	.	.	.
konfliktfreudig	.	.	.	0	.	.	.
sauber	.	.	.	0	.	.	.
einfühlsam	.	.	.	0	.	.	.
erfolgreich	.	.	.	0	.	.	.
fleißig	.	.	.	0	.	.	.
offen	.	.	.	0	.	.	.
spielerisch	.	.	.	0	.	.	.
kritisch	.	.	.	0	.	.	.
selbständig	.	.	.	0	.	.	.
liebevoll	.	.	.	0	.	.	.
ausgeglichen	.	.	.	0	.	.	.
höflich	.	.	.	0	.	.	.
nachdenklich	.	.	.	0	.	.	.
ehrlich	.	.	.	0	.	.	.
gründlich	.	.	.	0	.	.	.
ordentlich	.	.	.	0	.	.	.
humorvoll	.	.	.	0	.	.	.
mutig	.	.	.	0	.	.	.
freundlich	.	.	.	0	.	.	.
strebsam	.	.	.	0	.	.	.
gerecht	.	.	.	0	.	.	.
geduldig	.	.	.	0	.	.	.
selbstsicher	.	.	.	0	.	.	.
respektvoll	.	.	.	0	.	.	.
verantwortlich	.	.	.	0	.	.	.

	sehr							überhaupt nicht
verletzlich	.	.	.	0	.	.	.	
verständnisvoll	.	.	.	0	.	.	.	
hilfsbereit	.	.	.	0	.	.	.	
unterhaltsam	.	.	.	0	.	.	.	
vielseitig	.	.	.	0	.	.	.	
fröhlich	.	.	.	0	.	.	.	
tatkräftig	.	.	.	0	.	.	.	
ernst	.	.	.	0	.	.	.	
begeisterungsfähig	.	.	.	0	.	.	.	
fair	.	.	.	0	.	.	.	
glücklich	.	.	.	0	.	.	.	
vorurteilsfrei	.	.	.	0	.	.	.	
erfinderisch	.	.	.	0	.	.	.	

Suche dir deine drei wichtigsten Werte heraus und schreibe dir auf, was du tun könntest, um sie zu verwirklichen.

- Übung zur Wertklärung.

Die Teilnehmer zeichnen auf einen Bogen Papier einen möglichst großen Kreis und teilen ihn in 6 gleiche Segmente auf.

»Ich werde euch im folgenden 6 Fragen bzw. Aufgaben stellen, die ihr in darstellerisch-zeichnender Form beantworten sollt, z.B. indem ihr eine symbolische oder skizzenhafte Darstellung wählt. Beginnt mit dem Segment oben rechts und geht im Uhrzeigersinn vor.

Die Fragen:

1. Worin bist du gut?
2. Male deinen größten Erfolg des letzten Jahres!
3. Male deinen größten Mißerfolg des letzten Jahres!
4. Male eine Sache/einen Lebensumstand/eine Person, die du auf jeden Fall bewahren willst!
5. Du bekommst einen Garantieschein dafür, daß das, was du im nächsten Jahr machen willst, Erfolg haben wird; was würdest du machen?
6. Schreibe 3 Wörter auf, von denen du möchtest, daß andere Leute sie über dich sagen (3 Wörter oder einen kurzen Satz).

Zeit: Ca. 5 Minuten pro Frage.

- Nach einem Schullandheim-Aufenthalt bietet sich z.B. folgende Variation an: Der Kreis wird in 4 Segmente geteilt, und die Schüler füllen ihn nach folgenden Anweisungen aus:

  1. Zeichne oder schreibe alles, was du gut gefunden hast, was immer so bleiben könnte.
  2. Zeichne oder schreibe, was schlimm für dich war, was du vergessen möchtest.
  3. Zeichne oder schreibe deine Erwartungen, die nicht erfüllt wurden.
  4. Stell dir vor: du bekommst am letzten Tag 20,-- DM von deinem Lehrer. Zeichne oder schreibe, was du damit machen würdest.

Auswertungsvorschläge:

- Erst einmal steht jedes Ergebnis für sich und sollte vom Lehrer und der Klasse als Ausdruck einer momentanen Befindlichkeit ohne Bewertung betrachtet werden.
- Es können jeweils Untergruppen von Schülern gebildet werden, die bei einzelnen Segmenten zu gleichen Ergebnissen kamen. Diese Schüler könnten sich untereinander über ihre gleichen Wünsche, Sehnsüchte usw. unterhalten.
- Bei einem Unterrichtsgespräch sollte deutlich werden, daß es bei dieser Übung keine richtigen bzw. falschen Ergebnisse gibt.

3.4 Körperkontakt und Bewegung

Wenn wir von Gestaltpädagogik als integrativem Unterricht sprechen, dann meinen wir einen Unterricht, der u.a. den körperlichen Bedürfnissen der Schüler einen größeren Raum einräumt, als dies zum gegenwärtigen Zeitpunkt die Regel ist.
Im Rahmen der Gestaltpädagogik werden zwei Schwerpunkte besonders berücksichtigt:

- Förderung von Körperbewußtsein
- Einbeziehung der körperlichen Dimension in den Fachunterricht.

Methoden zur Förderung von Körperbewußtsein

Eine einfache Körperübung, in der Schüler mit verschiedenen Formen des Körperkontakts und des Umgangs miteinander experimentieren können, ist folgende:

- Die Schüler bilden Paare und führen folgende Aufgaben durch:

  Gegeneinander
  - Schiebt euch gegenseitig mit den Schultern weg;
  - stoßt euch mit den Händen voneinander ab.
  - Versucht, einander mit den ausgestreckten Händen wegzuschieben.
  - Ein Partner legt die Hände an den Körper des anderen und umfaßt ihn von hinten etwa oberhalb des Gürtels. Der Festgehaltene soll jetzt seine ganze Kraft einsetzen, um sich zu befreien.

  Miteinander
  - Ein Partner legt sich steif auf den Boden, und der andere rollt ihn weg (zuerst mit Widerstand, dann mit Unterstützung des Partners).
  - Versucht, euren Partner so klein (so groß) wie möglich zu machen.

  Füreinander
  - Macht aus eurem Partner einen Stuhl und setzt euch drauf.
  - Ihr sollt jetzt aus eurem Partner ein Haus bauen. Es kommt ein Gewitter. Ihr müßt schnell in das Haus. Jetzt scheint die Sonne, ihr geht aus dem Haus. . .
  - Macht aus eurem Partner ein Bett und legt euch ins Bett.
  - usw.

Diese Übungen bringen viel Spaß und erlauben auf einer spielerischen Ebene eine Kontaktaufnahme. Über ihre Erfahrungen können die Paare hinterher sprechen. Wichtig ist es bei diesen Übungen, die Schüler zu ermuntern, gut zu atmen und Töne zu machen, damit die Entspannung wirksam wird.

Die Reihenfolge der Übung berücksichtigt das Prinzip, daß wir häufig eher dazu in der Lage sind, uns zu nähern bzw. zu kooperieren, wenn wir zuerst auch das, was uns unterscheidet, ausdrücken können.

- Die Schüler legen sich auf den Boden. Sie schließen die Augen, und der Lehrer gibt Anweisungen folgender Art:

»Konzentriere dich auf deinen Kopf. Wie fühlt er sich an? Wo ist er angespannt – entspannt. Spanne die angespannten Stellen noch stärker an und dann laß die Spannung los. Geh weiter deinen Körper durch. Wie spürst du deinen Hals« usw.

Die Konzentration auf die einzelnen Teile des Körpers führt zu einer Entspannung und zur Entwicklung eines Bewußtseins von den eigenen Mechanismen der Verspannung und Blockierung, die normalerweise nicht bewußt erlebt werden. Die Schüler erhalten im Verlauf vieler Übungssequenzen die Fähigkeit, ihren Körper bewußter erfahren und beeinflussen zu können.

- Die Schüler liegen auf dem Boden und bewegen ihren Arm. Sie beugen und strecken ihn zunächst ganz schnell und dann in Zeitlupentempo.

  Sie erhalten auf diese Weise ein Bewußtsein von den Steuerungsmöglichkeiten, von Bewegungsabläufen und den damit einhergehenden Empfindungen.

- Die Schüler malen ein Bild zum Thema »Ich«. Sie setzen dann die Stimmung, die dieses Bild ausdrückt in Bewegungen um. Einzelne Schüler führen diesen »Tanz« vor und die übrigen Schüler raten, welches Gefühl ausgedrückt werden soll.

  Auf diese Weise wird der Zusammenhang von körperlichem Ausdruck und emotionaler Stimmung bewußter erfahren.

- Die Schüler gehen im Raum umher und bewegen sich zu Musik. Sie erhalten die Aufgabe, sich eine Bewegung herauszusuchen, die ihnen am meisten zusagt. Sie sollen sich auf diese Bewegung konzentrieren und sich dann überlegen, woher sie diese Bewegung in der Vergangenheit entwickelt haben, woran sie sie erinnert. Dann sollen sie sich überlegen, wie sich diese Bewegung in der Zukunft weiterentwickeln könnte und diese zukünftige Bewegung durchführen.

Jede Bewegung hat ein »Vorher« und ein »Nachher«. In einer solchen Körperübung kann die Gewordenheit bestimmter Bewegungen nachvollzogen werden. Ich kann verstehen lernen, was eine bestimmte Bewegung für mich bedeutet und welche Möglichkeiten der Weiterentwicklung ich habe.

Ähnliche Experimente lassen sich mit Körperhaltungen machen (gehe in deine normale Körperhaltung hinein, wie fühlst du dich dabei, wie könntest du deine Haltung verändern, was sagt dir dein Körper durch deine Haltung usw.). Eine wichtige Rolle spielt auch das Bewußtsein über den eigenen Atem, weil er bestimmte Aspekte meines Kontakts mit der Umwelt verdeutlicht:

- Atmet tief durch und laßt den Atem aus euch fließen. Spürt, wie es euch dabei geht. Folgt eurem Atem und achtet auf die Bilder und Empfindungen, die entstehen.

Kombination von Übungen aus verschiedenen Bereichen

Entspannungsübungen, Wahrnehmungs-, Konzentrations- und Bewegungsübungen werden miteinander kombiniert, um den Kontakt zu sich selbst und anderen bewußt zu erleben:

- Ein Schüler legt sich auf eine Decke. Sein Partner hat die Aufgabe, durch vorsichtiges Rütteln an verschiedenen Ecken und Seiten der Decke den anderen zu lockern und zu entspannen. Er soll dabei darauf achten, wie er sich selbst dabei anstrengt. Nach etwa 10 Minuten erfolgt der Wechsel. Dann tauschen sich beide über ihre Erfahrungen aus: Wie habe ich mich als aktiver/als passiver Partner gefühlt? Wie spanne ich mich an/wie entspanne ich mich?

Neben der Entwicklung von einfühlenden Formen des Umgangs miteinander lernen die Schüler ihre eigenen Mechanismen der Anspannung und Entspannung kennen.

- Die Schüler laufen zu Musik im Raum umher und suchen sich, wenn die Musik stoppt, einen Platz, der ihren Bedürfnissen entspricht. Sie sehen sich diesen Platz und ihre Stellung im Raum genau an. Sie setzen sich bequem hin und beschreiben ihren Platz auf einem Blatt Papier in Stichworten:
  Mein Platz ist in der Mitte der Klasse, meine Freunde sind um mich. . .

In dieser Übung geht es auf der gruppendynamischen Ebene darum, seinen Platz in der Gruppe zu bestimmen. Zusätzlich geht es aber auch darum, einen Platz zu finden, an dem man sich körperlich wohlfühlt.

- Alle Schüler laufen mit geschlossenen Augen durch den Raum und versuchen, eine Reihe nach der Körpergröße zu bilden. Der größte Schüler steht vorn, der kleinste hinten. Es darf nicht gesprochen werden.

In dieser Übung können die Schüler mit ihren Mitschülern Erfahrungen auf der nonverbalen Ebene machen. Durch die klare Vorstrukturierung ist die Angst von Körperkontakt gering, und die Schüler können sich über Tasten miteinander verständigen.

Einbeziehung der körperlichen Dimension in den Fachunterricht

Der Körper wird in weiten Teilen des Fachunterrichts weitgehend verleugnet und seine Bedürfnisse werden in den Sportunterricht abgeschoben. Demgegenüber gehen wir davon aus, daß die körperliche Dimension in jedem Unterricht angemessen berücksichtigt werden muß.

Unser vielfach gestörtes Verhältnis zur Natur ist nicht zuletzt auch Konsequenz unseres gestörten Verhältnisses zu unserer eigenen Natur, unserem Körper.

Gestaltpädagogik versucht auf dreierlei Weise die körperliche Dimension im Fachunterricht zu berücksichtigen.

- Entspannungsübungen.

Spannt alle Körperteile an, so fest ihr könnt (ca. 7 Sekunden). Laßt jetzt los und entspannt euch.

Durch Verstärkung der Anspannung kann eine Entspannung bewirkt werden. Dies ist eine paradoxe Intervention. Anstatt zu versuchen, die Störung zu beseitigen, wird sie verstärkt und kann sich dann auflösen.

Verfolgt euren Atem und versucht, ihn möglichst frei fließen zu lassen. Atmet dreimal tief und intensiv ein und laßt dann alle Luft heraus.

Eine wichtige Entspannungsmethode ist die Konzentration auf den Atem. Indem die Schüler verschiedene Atemrhythmen durchprobieren, können sie den Atem bewußter erleben und ihren eigenen Rhythmus finden.

Alle Schüler klopfen mit der flachen Hand auf ihre Tische. Zuerst ganz leise und dann immer lauter werdend. Dann wieder leise. Dann immer leiser, bis man nichts mehr hört.

Diese Übung konzentriert die gemeinsame Energie und läßt einen Spannungsabbau zu. Hinterher können die Schüler dem Unterricht konzentrierter folgen.

Entspannungsübungen können in ihrer Wirkung durch die Verwendung entsprechender Musik, die Änderung der Beleuchtung in der Klasse, die Veränderung des Sitzplatzes u.ä. gesteigert werden. Ebenso wichtig ist der Wechsel der Aktionsformen.

- Was für Grundschullehrer eine Binsenweisheit ist, vergessen Sekundarstufenlehrer oft: Die Aktionsformen müssen im Verlaufe eines Schulvormittags bzw. einer Schulstunde wechseln. Die Schüler müssen die Gelegenheit haben, sich bei der Arbeit bewegen zu können. Möglichkeiten dazu sind:
  Wechsel der Arbeitsformen: Schreiben, Malen, Spielen, Darstellen, Kreisspiele, Partnerarbeit, Gruppenarbeit, Rollenspiele, szenische Inszenierungen, Tanzen, Springen, Singen usw.

- Einbeziehung des Körpers als didaktisches Prinzip

  Im Physikunterricht experimentieren die Schüler mit den verschiedenen Möglichkeiten, ihre körperliche Kraft optimal einzusetzen. Die Untersuchung der Kräfteverhältnisse im eigenen Körper wird auf die Kräfteverhältnisse einfacher mechanischer Vorrichtungen übertragen (Hebelprinzip).

  Im Biologieunterricht frühstücken die Schüler gemeinsam, um sich im Anschluß über die Zusammensetzung ihres Frühstücks und ihres Eßverhaltens zu unterhalten. (Wirkungen von Hinunterschlingen, genaue Zerkleinerung der Nahrung, Bedeutung der Geschmacksnerven usw.).

An diesen Beispielen soll deutlich werden, wie die Einbeziehung des Körpers als didaktisches Prinzip genutzt werden kann. Wenn die Schüler eine realistische Vorstellung von den Grenzen der Belastbarkeit der Natur erhalten sollen, so müssen sie zunächst auch die Grenzen der Belastbarkeit ihres Körpers erfahren. Wer gelernt hat, mit seinem eigenen Körper sorgsam umzugehen, wird auch in der Lage sein, ein entsprechendes Verhalten gegenüber seiner Umwelt zu realisieren.

Die Einbeziehung des Körpers als didaktisches Prinzip zielt auf die Förderung eines persönlichen Bezugs zum Unterrichtsgegenstand ab und kann motivierend wirken:

- Im Englischunterricht spielen Schüler Szenen vor, die freudige Situationen darstellen. Die Szenen dienen dann als Grundlage einer entsprechenden Wortfeldarbeit.

Der körperliche Ausdruck der Schüler, ihre Empfindungen werden so zum Ausgangspunkt für die Erarbeitung von Wortfeldern, die mit eigener Erfahrung angefüllt sind.

Ebenen, die bei der Durchführung von Körperübungen zu berücksichtigen sind

Bei den Methoden zur Förderung von Körperbewußtsein können wir drei Ebenen[1] unterscheiden:

Übungszentrierte Ebene
Auf dieser Ebene werden vom Leiter klar strukturierte Übungen mit genauen Regeln vorgegeben. Ein Beispiel dafür ist die Partnerübung am Anfang dieses Kapitels (»Rempelt einander an« usw.). Diese Übungen haben meist eine geringere Tiefe und ermöglichen relativ unproblematische Erfahrungen. Der Kontaktprozeß wird vom Leiter vorstrukturiert, so daß dem Teilnehmer ein Teil der Verantwortung genommen ist und er zu Experimenten ermutigt wird:

- Such dir einen Partner. Einer von euch legt sich auf den Boden. Der andere versucht ihn wegzuziehen. Jetzt macht sich der auf dem Boden liegende besonders schwer. . .

Erlebniszentrierte Ebene
Auf dieser Ebene liegen Übungen, die einen offeneren und emotionaleren Charakter haben. Die Teilnehmer können den Inhalt der Übung stärker beeinflussen und bestimmen, inwieweit sie sich persönlich stärker einbringen wollen:

- Ca. 12 Schüler stehen Schulter an Schulter eng im Kreis. Ein Schüler steht in der Mitte. Er schließt die Augen und läßt sich fallen, wobei seine Mitschüler ihn vorsichtig mit den Händen auffangen und im Kreis herumreichen.
- Die Schüler bilden Paare, wobei jeweils einer die Augen schließt und vom anderen herumgeführt wird. Wenn sie an eine interessante Stelle kommen, legt der andere Schüler die Hand auf den Kopf seines

---

1) Unterscheidung übernommen von Bernward WEISS bei einem Bewegungsworkshop, Berlin 1985

Partners und dieser darf ein »Foto« machen (also kurz die Augen öffnen).

Beide Übungen dienen der Entwicklung von Vertrauen. Der Teilnehmer selbst entscheidet, ob und wie lange er an dieser Übung teilnehmen will und wieviel Vertrauen er bereit ist zu investieren.

Konflikthafte Ebene

Auf der konflikthaften Ebene wird stärker die Biographie des Teilnehmers berücksichtigt. Es geht darum, bewußt zu machen, wie bestimmte Körperhaltungen Ausdruck der eigenen Geschichte sind:

- Deine Schultern hängen stark herunter. Kannst du dieses Hängen verstärken? Was empfindest du dabei? Welche Bilder kommen dir hoch? Was sagen dir deine Schultern über deine Lebensgeschichte?

Diese Art der Beschäftigung mit dem Körper erreicht allerdings therapeutische Dimensionen, die im Rahmen der Schule nur in Ausnahmefällen bearbeitet werden sollten. Während es hier um die Bearbeitung eines in der eigenen Biographie liegenden Konflikts geht, zielen die übungszentrierte und erlebniszentrierte Ebene mehr auf die bewußte Thematisierung des Umgangs mit dem Körper im aktuellen Interaktionsgeschehen ab. Diese Konzentration auf das aktuelle Interaktionsgeschehen beschreibt die Abgrenzung von Gestaltpädagogik zur Therapie, die tiefere Dimensionen miteinbezieht.

3.5. Kreative Medien

Bei der Realisierung eines integrativen Unterrichts geht es u.a. auch darum, das unterrichtliche Angebot so zu strukturieren, daß es der Vielfalt der individuellen Voraussetzungen der Schüler gerecht wird. Es geht um die Gestaltung eines Unterrichts, der die verschiedenen Ebenen von Denken, Fühlen und Handeln auf möglichst vielfältige Weise integriert. Daher kommt im Rahmen der Gestaltpädagogik der Verwendung kreativer Medien ein besonderer Stellenwert zu. Unter kreativen Medien verstehen wir jene Medien, die der schöpferischen Eigentätigkeit der Schüler einen breiten Raum lassen. Sie unterscheiden sich von Medien wie z.B. Filmen oder Videos, die eher zum passiven Nachvollzug anregen. Allerdings können solche Medien im Rahmen der projektartigen Gestaltung eines Themas auch kreativ genutzt werden:

- Ein Film wird gemeinsam gesehen. Im Anschluß malen die Schüler eine für sie bedeutsame Szene auf ein Zeichenblatt und schreiben einen Satz darunter. Diese Arbeiten bieten dann einen Ansatz, um über die Erfahrungen mit dem Film zu sprechen.

Wir haben die Medien im integrativen Unterricht in einer Übersicht zusammengestellt. Sie soll daran erinnern, wieviele Möglichkeiten des Medieneinsatzes im Unterricht bestehen. Für sich genommen bietet diese Auflistung nichts wesentlich Neues. Der eigentliche Stellenwert der Medien wird erst aus der Verwendung im Unterrichtszusammenhang deutlich, in dem sie häufig einerseits als Mittler zwischen den Personen und den Inhalten auftreten, andererseits als Medium kreativen Selbstausdrucks Grundlage für den Austausch in der Gruppe bilden.

Medien im integrativen Unterricht[1)]

1. Materialmedien
- Ton
- Farben (Wachsmalstifte, Zeichenkohle, Fingerfarben, Filzstifte usw.)
- Collagen
- Bastelmaterialien
- Wandzeitung

2. Technische Medien
- Bilder (Drucke, Reproduktionen, Fotos, Dias, Filmausschnitte usw.)
- Musik (meditative Musik, Klassische Musik, Songs usw.)
- Tonbildschau (multimediale Inszenierung zu einem Thema)
- Texte

3. Handlungsmedien
- Rollenspiel
- Pantomime
- Bewegung
- Puppenspiel
- Imaginationstechniken

---

1) Vgl. PETZOLD 1977

- Planspiel
- Theaterspiel

4. Personale Medien
- Lehrer
- Personen, die in den Unterricht eingeladen werden (historische Zeitzeugen, Vertreter von bestimmten Gruppierungen, Berufsgruppen usw.)
- Schüler

In den folgenden Beispielen wollen wir eine Einführung in die Verwendung kreativer Medien unter gestaltpädagogischen Gesichtspunkten geben. Wir beschränken uns dabei auf die Materialmedien und die technischen Medien, da Handlungsmedien und personale Medien in anderen Punkten bereits angesprochen wurden.

● Materialmedien

Im Englischunterricht zeichnen z.B. die Schüler ihre Wohnung. Diese Zeichnungen bilden dann den Ausgangspunkt für eine Erarbeitung der verschiedenen Begriffe (Wortschatzarbeit), wie auch für einen Vergleich unterschiedlicher Wohnsituationen (Grammatikübung). Im Anschluß wird etwa im Sozialkundeunterricht über die Ursachen unterschiedlicher Wohnverhältnisse gesprochen (gesellschaftspolitischer Aspekt).

Was ist nun das spezifisch gestaltpädagogische an einem solchen Vorgehen?

Zunächst einmal stellen die Schüler persönlich bedeutsames Unterrichtsmaterial her und bringen ein Stück ihrer Alltagsrealität in den Unterricht ein. Damit berücksichtigt der Fachunterricht mindestens zwei Ebenen:

- Vermittlung der Fachinhalte (z.B. Wortschatzarbeit),
- Anregungen zur bewußten Verarbeitung der eigenen Lebenssituation (Gespräch über eigene Wohnverhältnisse).

Die Zeichnungen der Schüler bieten einen Zugang zum Ausdruck ihrer Erfahrungen an, der relativ frei von Sprachbarrieren ist. Die gelernten Begriffe bleiben nicht abstrakt, sondern werden mit einer affektiven Ladung versehen. Das Thema regt zudem zur Kommunikation in der Gruppe an und fördert echte Sprechanlässe. Die Schüleraktivitäten finden auf verschiedenen Sinnesebenen statt (Vorstellen der Wohnung,

Darstellen, Begriffe finden, Schreiben, Sprechen, Werten, Vergleichen, Schauen usw.) und fördern so eine ganzheitliche Auseinandersetzung mit dem Thema.

Regina Weitz[1)]

VORM EINSCHLAFEN

Ich
bohre
ein
Loch
in
die
Erde
immer
tiefer
schnurgerade
durch den Erdball und komme auf der anderen Seite wieder heraus.
Ob
da
wohl
auch
ein
Haus
steht?
Und
auch
einer
im
Bett
liegt
und
bohrt?

---

1) Gedichte für Anfänger, Herausgegeben von Joachim FUHRMANN, Reinbek 1980

Johann P. Tammen[1)]

LIED VOM ALLEINSEIN

Schnick-Schnack-Schnöde
zu Haus da ist es öde

Vater schläft vorm Fernsehen ein
Mutter wäscht Gemüse

Oma quält die Drüse
Opa pflegt sein Zipperlein

und mich und die Luise
die läßt man ganz allein

zu Haus da ist es öde
Schnick-Schnack-Schnöde

- Im Deutschunterricht wird das Gedicht »Vorm Einschlafen« von WEITZ behandelt. Die Schüler lesen den Text mehrmals und stellen sich dann vor, daß sie das Loch in die Erde bohren. Sie kommen am anderen Ende der Erde heraus. Was sehen sie? Sie zeichnen ihre Vorstellungen und tauschen sich über die Bilder, die das Gedicht in ihnen ausgelöst hat, aus. Im Anschluß entwickeln sie einen kleinen Text oder ein Gedicht zu ihrem Bild: »Ich bohrte ein Loch in die Erde. . .«

Auf diese Weise werden die Assoziationen und Phantasien, die das Gedicht anregt, zunächst visualisiert und ohne die Barrieren der Sprache ausgedrückt. Die Bilder geben dann wieder einen Anlaß zur Vertextung, und zwar in der Weise, daß der persönliche Bezug der Schüler ausgedrückt werden kann.

- Die Behandlung des »Lied vom Alleinsein« von TAMMEN beginnt mit einer Assoziationsrunde, in der der Lehrer einzelne Reizworte des Textes nennt (Haus, öde, Oma usw.), und die Schüler assoziieren, was ihnen dazu einfällt.

  Dann diktiert der Lehrer den kurzen Text, und die Schüler schreiben ihn mit Ölkreiden jeweils auf ein großes Zeichenblatt. Sie können für verschiedene Worte verschiedene Farben wählen,

---

1) Gedichte für Anfänger, Herausgegeben von Joachim FUHRMANN, Reinbek 1980

können groß und klein schreiben, für einzelne Worte auch kleine Zeichen malen. Die auf diese Weise entstandenen Texte werden im Klassenraum aufgehängt und bilden die Grundlage für die weitere Auseinandersetzung mit dem Gedicht.

Die Assoziationsrunde dient hier der Einstimmung auf das Gedicht und der Mobilisierung eigener Bilder. Indem die Schüler den Text farbig schreiben und malen, bekommt das Gedicht gewissermaßen eine persönliche Färbung. Es wird zu einem Medium der »Selbstbewußtwerdung«. Auch hier werden wieder verschiedene Sinne angesprochen, die den Zugang zum Gedicht erleichtern.

- Die Schüler arbeiten in Vierergruppen. Jede Gruppe hat ein Lineal, einen Bleistift, eine Schere, eine Tube Klebstoff. Sie haben die Aufgabe, ohne ein Wort zu sprechen, in dreißig Minuten einen Turm zu bauen. Das Grundelement soll aus linealbreiten Papierstreifen bestehen. Jede Gruppe erhält die gleiche Anzahl von DIN A 4-Bögen Schreibmaschinenpapier. Im Anschluß wird darüber gesprochen, wie die Zusammenarbeit in der Gruppe war und wie der Turm zustande gekommen ist.[1]

Diese Übung, die sich u.a. zur Bildung dauerhafter Arbeitsgruppen eignet, macht deutlich, wie Bastelmaterialien zum Training und zur Bewußtmachung sozialer Umgangsformen eingesetzt werden können. Das fachliche Ziel (Turm bauen) wird ergänzt um einen persönlichen Bezug (Kooperationsfähigkeit).

- Im Sozialkundeunterricht stellen sich die Schüler mit Hilfe einer Phantasieübung vor, wie die Welt im Jahre 2020 aussehen wird. Im Anschluß an diese Übung sollen sie ihre Vorstellungen im Rahmen einer Collage darstellen. Wenn sie diese Collage fertiggestellt haben, sollen sie sich selbst als Mensch des Jahres 2020 aus Ton kneten und die fertige Figur an eine Stelle ihrer Collage von der zukünftigen Welt stellen, wo sie ihrer Meinung nach hingehört. Nach einem Erfahrungsaustausch wird über Zukunftshoffnungen und Ängste gesprochen.

Die Auseinandersetzung über die eigene Zukunft wird hier mit kreativen Mitteln angeregt. Durch die Verwendung der Technik der

---

1) Vgl. ANTONS 1973

Collage, in der Abbildungen aus unserer Zeit verwendet werden, wird deutlich, wie sich die Zukunft schon heute im Hier-und-Jetzt abzeichnet. Das Formen der eigenen Person in Ton macht den persönlichen Bezug zur zukünftigen Situation augenscheinlicher und bildet zugleich einen Zugang zur eigenen Einstellung der Zukunft gegenüber. Ein solcher persönlicher Einstieg kann den Ausgangspunkt bilden, um dann mit detaillierten Informationen, Daten und Fakten am Thema weiterzuarbeiten.

- WEINSTEIN/FANTINI (1978) haben eine Unterrichtseinheit entwickelt, die die gesellschaftliche Hier-und-Jetzt-Situation unter Verwendung von Medien deutlich macht:

  Die Schüler sollen eine »Zeitkapsel« zusammenstellen, die atombombensicher vergraben wird und zukünftigen Generationen oder außerirdischen Wesen einen treffenden Eindruck von unserer Zeit geben soll. Hierzu können Zeitungsartikel, Musikstücke, Bilder u.ä. ausgewählt werden. Zudem können die Schüler eine gezeichnete, symbolhafte, komprimierte Darstellung entwickeln.

Diese Übung regt die Schüler dazu an, sich über ihr Verhältnis zur Gegenwart bewußter zu werden.

- Im Rahmen einer Unterrichtseinheit zum Thema »Krieg und Frieden« sollen die Schüler zunächst ihr Verhältnis zum Begriff »Frieden« ausdrücken, indem sie sich selbst und den Begriff durch Symbole (farbige Punkte, Zeichnungen) darstellen. In einem nächsten Schritt sprechen sie in Vierergruppen über ihre Darstellungen. Im Anschluß erhalten sie die Aufgabe, als Gruppe einen gemeinsamen Satz, der das Verhältnis der Gruppe zum Thema »Frieden« ausdrückt, zu formulieren.

  Die Sätze der Gruppen werden dann an die Wand gepinnt und bilden den Ausgangspunkt für die weitere Bearbeitung des Themas.

  Durch diese Übung können die Schüler spontan und ungegängelt ihre Beziehung zum Begriff »Frieden« klären und mit ihren Mitschülern austauschen. Die individuellen Aspekte werden in der Bildung des gemeinsamen Satzes auf ein gemeinsames Interesse verallgemeinert. Auf diese Weise wird das Thema ausgehend von den Erkenntnissen und Bedürfnissen der Schüler behandelt.

  In ähnlicher Weise kann man unter Verwendung kreativer Medien auch eine Zusammenfassung der Ergebnisse einer Unterrichtseinheit durchführen:

- Die Schüler malen in Vierergruppen, ohne ein Wort zu sagen, auf einem großen Blatt (DIN A 1) ein gemeinsames Bild, das ihre Erkenntnisse zum Thema der Unterrichtseinheit darstellen soll. Im Anschluß referiert jede Gruppe über ihr Bild.

Bei dieser Form der Ergebniszusammenfassung können sich die Schüler persönlich einbringen, müssen Kooperation realisieren und können ihren Kenntnisstand überprüfen, der unter Verwendung verschiedener Sinneseindrücke reproduziert wird.

Neben diesen Beispielen für eine fachunterrichtliche Nutzung kreativer Medien, gibt es eine Fülle von Möglichkeiten, die stärker auf Selbsterfahrung und Soziales Lernen abheben:

- Die Schüler malen ein Bild (gestalten eine Collage, kneten eine Figur) zum Thema »Ich«.
Im Anschluß stellt sich jeder Schüler anhand seines Produktes vor.

Die gleiche Übung kann man zur bewußteren Bearbeitung der Situation in der Gruppe einsetzen:

Die Schüler malen ein Bild (gestalten eine Collage, kneten mehrere Figuren) zum Thema »Ich und die Gruppe«. Im Anschluß tauschen sich die Schüler über ihr Verhältnis zur Gruppe aus.

Den schulischen *und* außerschulischen Alltag der Schüler kann man durch folgende Übung stärker thematisieren:

- Während entspannende Musik im Hintergrund läuft, malen die Schüler auf große Bögen die Stationen ihres Tagesablaufs. Dann verfassen sie zu diesem Bild einen kleinen Text. Bilder und Texte werden aufgehängt.

Im Anschluß bilden sich Vierergruppen, die versuchen, sich auf ein zentrales Thema ihres Tagesablaufs zu verständigen. Diese Gruppenthemen bilden dann den Ausgangspunkt für den weiteren Unterricht.

Hinter diesem Vorgehen steht der Gedanke, daß auf diese Weise auch außerschulische Probleme der Schüler, die im Moment im Vordergrund stehen, artikuliert werden können. So wird vermieden, daß zu stark fachzentriert unterrichtet wird und es wird eine Chance genutzt, die Erfahrungs- und Lebenswelt der Schüler stärker im Unterricht zu berücksichtigen.

Die Arbeiten, die auf der Grundlage solcher Übungen entstehen, können im Rahmen eines Projekts dann zu einer Klassenzeitung unter dem Titel »Schülerleben – Schüleralltag« zusammengefaßt werden.

Technische Medien

Die Verwendung technischer Medien wird von allen Didaktikern gefordert. Gestaltpädagogik legt allerdings einen besonderen Akzent auf die Gesichtspunkte

- Beeinflussung der Stimmung und Atmosphäre des Unterrichts,
- Herstellen eines persönlichen Bezugs,
- Förderung kreativer Eigentätigkeit.

Hierfür einige Beispiele:

- Der Klassenraum ist leicht abgedunkelt (Vorhänge) und in gedämpftes Licht getaucht. Die Schüler sitzen auf Stühlen, einige liegen auf dem Boden. Jeder hat sich den für ihn passenden Platz und die entsprechende Haltung gesucht. Sie hören gemeinsam ein Hörspiel.

Diese Schilderung, die manchen vielleicht befremden wird, soll verdeutlichen, wie bestimmte Faktoren die Atmosphäre des Klassenraums beeinflussen. Die abgedunkelten Lichtverhältnisse schaffen eine andere Situation und eine andere Stimmung. Wenn man in Klassen, die man häufig hat, entsprechende Formen ausprobiert, wird man erstaunt sein, wie die Konzentrationsfähigkeit zunimmt. (In Vertretungsstunden mit unbekannten Klassen kann der gegenteilige Effekt eintreten!).

Indem die Schüler ihren eigenen Platz finden, können sie auch konzentrierter zuhören.

Ähnliche Wirkungen kann die Verwendung gedämpfter Hintergrundmusik haben.

- Im Musikunterricht betrachten die Schüler die Darstellung einer Tanzszene aus einer Diskothek (z.B. Foto) und vergleichen sie mit einer Darstellung aus einem fürstlichen Palais zur Zeit des Barock. Beide Szenen werden von Schülergruppen unter Verwendung der passenden Musik nachgestellt. Die Schüler versuchen, sich mit beiden Situationen zu identifizieren, einmal als Konsument von Popmusik und einmal als Tänzer im Barock.

Hier wird deutlich, wie über die Verwendung entsprechender Bilder und über das körperliche Hineingehen in diese Bilder ein persönlicher Bezug hergestellt wird.

- Die Schüler sehen einen Videomitschnitt aus einem Fernsehbericht zur Situation arbeitsloser Jugendlicher.
  Sie identifizieren sich mit einem Jugendlichen ihrer Wahl. In Stichworten beschreiben sie seine Rolle. In einer anschließenden Diskussion agieren sie als dieser Jugendliche. In der Auswertung tauschen sich dann die Schüler darüber aus, wie es ihnen in den verschiedenen Rollen ergangen ist.

  Das technische Medium wird hier zum Ausgangspunkt für die kreative Verarbeitung durch die Schüler. An die Stelle von passivem Nachvollzug tritt eine aktive Auseinandersetzung mit dem Thema, an dem die ganze Person beteiligt ist.

3.6. Kommunikation in der Gruppe

In Anlehnung an das Konzept der Themenzentrierten Interaktion (TZI) nach COHN[1)] findet vor dem Hintergrund des jeweiligen gesellschaftlichen und institutionellen Umfeldes (GLOBE) die Kommunikation in der Gruppe auf den Ebenen Ich (der einzelne Schüler/Lehrer), Wir (die Gruppe) und Es (das Thema) statt. Im gestaltpädagogischen Unterricht geht es darum, jeder dieser vier Ebenen Rechnung zu tragen bzw. die Balance zwischen ihnen zu ermöglichen. Die folgenden Beispiele sollen zeigen, wie man die verschiedenen Ebenen im Unterricht berücksichtigen kann. Ein wichtiger Aspekt besteht darin, daß es in der Dynamik einer Gruppe (Klasse) zu einem Ungleichgewicht zwischen den vier Ebenen kommen kann:

- Ein Schüler hat eine belastende Auseinandersetzung mit seinen Eltern gehabt und kann deshalb dem Unterricht nicht richtig folgen.
- Die Gruppe hat ein gespanntes Verhältnis zum Lehrer, das bisher nicht offen angesprochen worden ist.
- Die Behandlung des Themas setzt Kenntnisse voraus, die die Schüler noch nicht haben.

---

1) Vgl. COHN 1975, 1984; Zusammenfassung bei QUITMANN 1985

Diese Beispiele machen deutlich, daß der Lehrer die verschiedenen Ebenen der Kommunikation in der Gruppe im Auge haben muß, um zu einem befriedigenden Unterricht zu gelangen. Um die effektive Kommunikation zu einem gemeinsamen Anliegen der Gruppe zu machen, formuliert COHN das Postulat bzw. die Hilfsregel:
– Störungen haben Vorrang!

Lehrer und Schüler sollen, wenn sie Störungen auf einer der Ebenen bemerken, diese artikulieren; denn die nicht-artikulierte Störung behindert den Lernvorgang und belastet den Gruppenprozeß. Diese Regel bedeutet nicht zwangsläufig, daß das Gespräch über Störungen zum zentralen Inhalt des Unterrichts wird. Oft genügt schon das Ansprechen, um Spannungen zu lösen und die Fähigkeit zu neuer Aufmerksamkeit zu unterstützen. Es geht also vielmehr darum, einen integrierenden Ausgleich zwischen den verschiedenen Ebenen zu schaffen (Balance).

Grundsätzlich ist jeder einzelne (Lehrer und Schüler) selbst dafür verantwortlich, seine »Störungen« in den gemeinsamen Prozeß einzubringen (»Sei dein eigener Chairman« heißt daher ein weiteres Postulat von COHN). Trotzdem hat der Lehrer – zumindest zu Beginn eines Gruppenprozesses – eine doppelte Verantwortung: Für sich selbst und für den Prozeß in der Gesamtgruppe. Will der Lehrer zu Beginn oder während einer Unterrichtsstunde z.B. wissen, welche Bedürfnisse und Interessen im Vordergrund des Gruppengeschehens stehen, kann er folgende Übung machen:

- Die Schüler sitzen im Kreis (ggf. auch Hufeisen). Ein Schüler sagt kurz, wie es ihm im Moment geht und was ihn am meisten beschäftigt. Dann wirft der betreffende Schüler einen Ball einem Mitschüler zu, der weitermacht.

Diese sogenannte »Blitzlicht-Runde« kann auch verwendet werden, um den Schülern während eines laufenden Prozesses (z.B. mitten in der Stunde) Gelegenheit zu geben, Bedürfnisse zu artikulieren, die im normalen Unterricht zu wenig berücksichtigt werden. Bei größeren Klassen kann man auch die Regel einführen, daß abwechselnd nur besonders betroffene Schüler (flexibel handhaben!) im Rahmen des »Blitzlichts« bei »Störungen« ihre Eindrücke in die Gruppe geben.

Ein weiterer Aspekt im Rahmen der Kommunikation in der Gruppe ist der Bereich des gegenseitigen Kennenlernens. Auch hier geben wir beispielhaft einige Übungen:

- Jeder Schüler sagt seinen Namen und berichtet, welche Bedeutung sein Vorname für ihn hat. Aspekte können sein:

  - Wie gefällt dir der Klang deines Namens?
  - Welche verschiedenen Ausspracheformen und Betonungen deines Namens sind dir im Ohr? An wen erinnern sie dich?
  - Leidest du bzw. hast du unter deinem Namen gelitten?
  - Möchtest du anders heißen und/oder beneidest du andere um ihre Namen?
  - Welche Bedeutungen haben eventuelle Spitznamen für dich?

  Varianten:
  - Jeder stellt seinen Namen vor und macht dazu eine Handbewegung, eine Geste, eine kleine Melodie usw.

  Diese Übung eignet sich besonders, um neue Klassen intensiver kennenzulernen. Man erfährt erstaunlich viel übereinander, und es entsteht ein persönliches Klima.

- Eine andere Möglichkeit besteht in folgender Übung: Jeder Schüler erhält ein Blatt (unausgefüllt) folgenden Musters:

Wort	Satz	Gruppenmitglieder
Frühling	Im Frühling werden die Tage länger.	Helmut, Peter, Olaf, Marion, Briggi, Hiltrud, Jelka
...	...	...

Die Schüler laufen zu Musik im Raum herum. Der Lehrer hängt in die vier Ecken des Raumes jeweils ein Plakat, auf dem ein Wort folgender Art steht:
– Winter, Sommer, Frühling, Herbst.

Wenn die Musik stoppt, ordnen sich die Schüler jeweils einer Ecke und dem dazugehörigen Begriff (z.B. »Frühling«) zu. Sie schreiben ihr Wort auf ihr Blatt, überlegen sich einen Satz, schreiben die Namen der Mitschüler auf, die z.B. auch in der »Frühlings-Ecke« stehen und tauschen sich untereinander zu den Assoziationen, die der Begriff bei ihnen ausgelöst hat, aus.

Wenn die Musik wieder läuft, geht eine neue Runde los. Der Lehrer wechselt die Begriffe aus und hängt die nächsten vier auf.

Zum Beispiel:

– Elephant, Krokodil, Hase, Katze,
– 7 Uhr, 12 Uhr, 18 Uhr, 22 Uhr,
– usw.

Über das Spiel können sich die Schüler besser kennenlernen. Gleichzeitig können fachunterrichtliche Ziele im Sprachunterricht integriert werden (Vokabel-, Rechtschreibetraining usw.).

Kennenlernen in der Gruppe kann auch dadurch gefördert werden, daß die Gruppenmitglieder sich über ihre Werte und ihr Verhalten austauschen:

● Die Schüler bilden Zweier- oder Vierergruppen. Sie tauschen sich über persönliche Einstellungen aus, indem jeder Teilnehmer Fragen folgender Art beantwortet:

  – Welches ist dein liebster Monat und warum?
  – Welches ist deine liebste Tageszeit und warum?
  – Welches ist dein liebster Platz im Haus und warum?
  – Was verstehst du unter einem Freund?
  – Welche Art von Menschen helfen dir, aus deinem Schneckenhaus zu kommen?
  – Welches sind für dich augenblicklich die größten Sorgen, welches die größten Freuden?
  – Welches sind deine drei Hauptinteressen?
  – Welches war dein liebstes Spiel als kleines Kind?
  – Welches sind außer deinen Eltern die für dich wichtigsten Personen?

Ein weiterer wichtiger Aspekt, den Gestaltpädagogik fördern will, ist die Fähigkeit zu bewußterem Umgang miteinander in der Gruppe und zum gegenseitigen Zuhören:

● Die Schüler haben Partnergruppen gebildet. Jeweils ein Schüler erzählt seine Meinung zum Thema »Rauchen in der Schule«. Der andere Schüler hört zu, verzichtet zunächst auf eigene Meinungsäußerung und stellt ggf. Verständnisfragen.

  Im Anschluß faßt er die Rede seines Partners kurz zusammen, und dieser gibt ihm ein Feed-back darüber, inwieweit er sich verstanden fühlt. Dann wechseln die beiden die Rollen.

Es handelt sich hier um die von ROGERS[1] entwickelte Methode des aktiven Zuhörens. Aufgabe des Gesprächspartners ist es, sich in die Vorstellungswelt seines Gegenübers einzufühlen und diese Einfühlung durch unterstützende Bemerkungen zu signalisieren, wobei jegliche Wertung zunächst unterlassen werden soll. Auf diese Weise soll sichergestellt werden, daß beide Gesprächspartner einander relativ verzerrungsfrei verstehen und akzeptieren.

- Eine Möglichkeit unausgesprochene Gedanken und Gefühle zum Gegenstand des Unterrichts zu machen ist folgende:

  Schüler spielen eine Alltagsszene. Es geht um eine Szene aus dem Englischunterricht, in dem es in letzter Zeit häufig zu Spannungen zwischen dem Lehrer und den Schülern gekommen ist. Jeder Protagonist des Spiels erhält einen Partner, der hinter ihm steht und Ergänzungen zu seinen Äußerungen vornehmen kann. Er geht insbesondere auf das ein, was der Protagonist in diesem Moment denken könnte und nicht sagt.

Durch die Doppelung der Spielenden wird der Teil der Kommunikation in der Gruppe deutlich, der normalerweise unterdrückt bleibt, aber einen entscheidenden Einfluß auf die Atmosphäre in der Klasse ausübt. Es geht darum, ein vertrauensvolles Klima zu schaffen, in dem Offenheit, Echtheit und Akzeptanz den gemeinsamen Kommunikationsstil beherrschen.

Daher zielen die Methoden der Gestaltpädagogik darauf ab, die Stimmung in der Gruppe, wie dies in der Hier-und-Jetzt-Situation ein wichtiges Thema zu sein scheint, offen anzusprechen und aufzugreifen:

- Eine gute Möglichkeit dazu bildet das Stimmungsbarometer. In der Klasse sind offensichtlich Spannungen vorhanden, die den Unterricht beeinträchtigen. Der Lehrer schlägt vor, daß alle Schüler einen Streifen Papier ausschneiden (Größe ist durch DIN A 4-Bogen vorgegeben). Ist er lang, dann bedeutet das eine positive Stimmung, ist er kurz, dann bedeutet das negative Gefühle. Danach ordnen sich die Schüler der Länge ihrer Streifen nach in eine Reihe. In der Mitte zieht man eine Trennungslinie. Die »positiven« und die »negativen« sollen sich austauschen und jeweils einen gemeinsamen Satz formulieren, der ihr Gefühl in der Klassensituation charakterisiert.

---

1) Vgl. ROGERS 1972

Auf diese Weise können die Schüler Verantwortung für ihre Situation übernehmen, sich mit ihrem Gefühl auseinandersetzen und gemeinsam Veränderungsmöglichkeiten entwickeln. Der Beziehungsaspekt des Lernens (meine Beziehung zur Gruppe, zum Lehrer, zum Stoff) wird dadurch berücksichtigt, während der Inhaltsaspekt (Unterrichtsthema) vorübergehend in den Hintergrund rückt.

Weiterhin zielen wir auf eine Förderung der Schüler zur Fähigkeit der Metakommunikation (Kommunikation über die Kommunikation) ab:

- Vier Schüler erhalten die Aufgabe, gemeinsam ein Problem zu lösen (eine Brücke aus Papierstreifen zu bauen, ein Puzzle zusammenzusetzen usw.). Ein fünfter Schüler hat die Rolle des Beobachters. Er führt ein Beobachtungsprotokoll zur Struktur der Zusammenarbeit in der Gruppe. Gesichtspunkte könnten sein:

  - Wie klappt die Zusammenarbeit?
  - Welche Rolle haben die einzelnen Gruppenmitglieder? Gibt es einen Führer?
  - Welcher Art sind die Beiträge der Gruppenmitglieder? Welche Wirkung haben sie?
  - usw.

Die Schüler sollen hier lernen, den Umgang miteinander bewußter nachzuvollziehen und einen Schritt in Richtung der Entwicklung von Kooperationsfähigkeit zu machen. Gestaltpädagogischer Unterricht zielt auf die Förderung von Integration verschiedener, sich scheinbar widersprechender Teile der Person ab. Wir gehen dabei von der Einsicht aus, daß wir oft wichtige Teile unserer Person abspalten und als nicht zu uns gehörig ausgrenzen. Dieser Mechanismus spiegelt sich häufig im Verhalten der Gruppe wieder, indem einzelne Schüler ausgegrenzt werden (Sündenbock). Auch hier geht es zunächst um ein Bewußtmachen und Einfühlen in eine solche Situation.

- Zwischen türkischen und deutschen Schülern treten in der Klasse stärkere Konflikte auf. Der Lehrer schlägt folgende Übung vor:

  In der Mitte der Klasse stehen zwei Stühle. Der eine Stuhl symbolisiert die Situation eines türkischen Schülers, der andere die eines deutschen Schülers. Die Schüler, die etwas zum Thema sagen möchten, können einen der Plätze einnehmen. Wenn der Schüler seine Äußerung beendet hat, macht er einem anderen Schüler Platz.

Zunächst werden nur einzelne Statements abgegeben. Nach und nach entwickelt sich eine Auseinandersetzung bzw. ein Gespräch »zwischen den Stühlen«, wobei einzelne deutsche Schüler den Platz des türkischen Schülers einnehmen und umgekehrt. Im Anschluß wird über die Erfahrungen und die Funktion von Ausgrenzungsprozessen gesprochen.

Wichtig ist hier die direkte, personalisierte Form der Kommunikation. Die Schüler müssen dadurch, daß sie einen Platz auf den Stühlen einnehmen, Verantwortung für ihre Äußerungen übernehmen. Durch den Platzwechsel (der sich spontan entwickeln kann, den man ggf. aber auch als Übung vorgeben kann), können sie sich in andere Aspekte des Problems einfühlen (Identifikation) und so einen größeren Verhaltensspielraum erwerben.

Bei der situationsadäquaten Thematisierung der Kommunikation in der Gruppe kommt es auf das Fingerspitzengefühl und die Sensibilität des Lehrers an. Er kann aus der Situation heraus spontan Übungen entwickeln und vorschlagen oder sich an entsprechenden Interaktionsspielsammlungen orientieren, die wir im Anhang aufführen.

Das verbreitete Argument gegen einen Unterricht in der Weise, wie wir ihn hier vorschlagen, besteht darin, daß für die Thematisierung von Fachinhalten zu wenig Zeit sei. Dabei wird übersehen, daß die vorübergehende »Vernachlässigung« von Fachinhalten langfristig die Effizienz steigert, weil damit auf eine bewußtere Lernhaltung hingearbeitet wird.

Darüber hinaus wird oft übersehen, daß sich die Klärung von Gruppenprozessen – zumindest im Sprach-, Kunst- und Sozialkundeunterricht – mit den fachlichen Anforderungen verbinden läßt:

- Im Sozialkundeunterricht beschreibt jeder Schüler auf einem Blatt, welche Hierarchien er in der Klasse sieht (gibt es Anführer, Unterdrückte usw.). Das Resultat ist, daß die Schüler neben einigen gemeinsamen Wahrnehmungen auch große Unterschiede feststellen und lernen, genauer hinzuschauen, wie und wo sich Hierarchien herausbilden.

- Im Kunstunterricht erarbeitet die Klasse ein gemeinsame Selbstdarstellung. Jeder Schüler malt sich als Selbstportrait. Alle Portraits werden zu einer großen Wandzeitung zugeordnet. Ausgehend von dieser gemeinsamen Selbstdarstellung sprechen die Schüler über ihre Klassengemeinschaft. (Wo ist mein Platz in der Klasse? Wie fühle ich mich da?)

- Im Englischunterricht sitzen die Schüler im Kreis (ggf. Hufeisen) und werfen sich gegenseitig einen Ball zu. Sie sagen über einen Schüler ihrer Wahl etwas Positives (Wortschatztraining). Der betreffende Schüler wirft dann einem anderen Mitschüler den Ball zu und sagt ihm auch etwas Positives.

In allen drei Beispielen werden fachliche Ebene und Beziehungsebene miteinander integriert. Ein solches Vorgehen setzt allerdings eine erhebliche Flexibilität des Lehrer voraus, der bereit sein muß, von seiner engen Planungsvorgabe abzurücken. Er wird umso mehr dazu in der Lage sein, als er erkennt, auf wievielen Ebenen er und seine Schüler lernen.

3.7 Steigerung der Bewußtheit (awareness)

Eine der zentralen Prämissen der Humanistischen Psychologie liegt darin, das Wahrnehmungsvermögen (Bewußtheit, englisch: awareness) des einzelnen zu erweitern und zu vertiefen. Sie geht davon aus, daß dies die Grundlage und Voraussetzung ist, sich seinen Möglichkeiten entsprechend bewußt zu werden und sich zu entfalten. Man kann durch Schulung der awareness seine Phantasien und Wünsche von der Realität unterscheiden lernen und sich darüber bewußt werden, welche äußeren Faktoren einen froh bzw. niedergeschlagen machen. Man ist dadurch seinen Gefühlen und Stimmungen nicht mehr ohnmächtig ausgeliefert.

Mit der Steigerung der Bewußtheit, bezogen auf körperliche Prozesse, auf Kontakt zu Personen und Objekten, ist untrennbar die Steigerung der Fähigkeit zur Verantwortung mir selbst gegenüber verbunden. Wenn ich mir z.B. meiner selbst in einer konkreten Konfliktsituation bewußt bin, dann bin ich der Situation und ihrem Verlauf nicht ohnmächtig ausgeliefert, sondern bin aktiver Teil des Prozesses. Ich habe die Wahl, dies oder jenes zu tun oder auch nicht zu tun, mich so oder so zu verhalten.

Die Steigerung der Bewußtheit ist ein Grundprinzip gestaltpädagogischen Vorgehens und durchzieht als methodisches Prinzip alle Übungsformen, die wir bislang vorgestellt haben. Wenn wir z.B. im Rahmen einer Identifikationsübung uns mit einer Hauptperson eines Romans identifizieren, richten wir unsere Sinne darauf, bewußt zu erleben, was in uns, mit uns und um uns vorgeht.

J. O. STEVENS hat in seinem Buch: »Die Kunst der Wahrnehmung« (München, 1977) ein umfangreiches Übungsprogramm zur Schulung von Bewußtheit vorgelegt. Wir beschränken uns deshalb darauf, das Grundprinzip darzustellen.

Die einfachste und doch effektivste Methode besteht in der systematischen Erfahrung des Hier-und-Jetzt-Erlebens:

- Bildet Sätze, die immer anfangen mit »Jetzt« und ein Verb enthalten:
  Jetzt höre ich das Knacken der Heizung.
  Jetzt sehe ich, wie mein Stift über das Papier gleitet.
  Jetzt höre ich den Regen an der Scheibe.
  Jetzt spüre ich den Druck meiner Schulter usw.

  Ziel ist hier, sich auf das ganzheitliche Erleben und Spüren im Hier-und-Jetzt einzulassen.
  Diese Übung kann auch zur Erweiterung des Wortschatzes genutzt werden.

- Eine Variante dieser Übung könnte sein:

  Eingeleitet wird sie, indem sich alle Schüler ruhig und bequem hinsetzen, die Augen schließen und sich auf sich selbst konzentrieren. Der Lehrer könnte sagen: Konzentriere dich auf dich selbst. . . (Pause), spüre wie du auf deinem Stuhl sitzt. . . (Pause), wie dein Atem ein- und ausgeht, wie vielleicht Gedanken auftauchen, Sorgen, Freuden. . . (Pause). Registriere alles, was passiert. . . (Pause).

  Und jetzt fange an, alles, was du registrierst, spürst, hörst usw. innerlich zu benennen, z.B.: Jetzt spüre ich meinen Atem durch die Nase ausströmen. Jetzt spüre ich ein Ziehen in meinem Schenkel. . . Nach einer gewissen Zeit kann man die Schüler bitten, die Augen zu öffnen und ihre Erfahrungen zu berichten. Dann kann man den Schülern vorschlagen, Kleingruppen zu bilden und nunmehr – mit geöffneten Augen – den Fluß der Wahrnehmung und des Erlebens zu üben, wobei die Schüler ihre »Jetzt«-Sätze durchaus laut und auch durcheinander sagen können. Der Lehrer kann die auftauchenden Verben an die Tafel schreiben, evtl. weitere einführen bzw. erläutern.

Die Schüler können dabei die Erfahrung machen, daß es das Erleben des Erfahrungsflusses in der Gegenwart notwendig macht, sich fortwährend auf Neues einzulassen und das Alte loszulassen.

Hier könnte sich eine lebensphilosophische Auseinandersetzung anschließen, daß Leben letztlich ein ununterbrochenes Wechselspiel von Annehmen, einem kurzen Verweilen und Loslassen ist. Sie können die Erfahrung machen, daß der Versuch, diesen Fluß des Erlebens aufhalten zu wollen (Festhalten am Vergangenen, Warten auf die Zukunft oder sich dem Leben gar nicht stellen wollen) nur mit einer inneren und äußeren Erstarrung zu erkaufen ist.

3.8. Kontakt mit der Schule des Lebens

Die Methoden der Gestaltpädagogik, die wir bisher vorgestellt haben, versuchen, den Kontakt zu sich selbst, zur Gruppe und zu Themen auf möglichst vielfältige und mehrdimensionale Weise zu ermöglichen.

Dabei ist ihnen gemeinsam, daß sie im Klassenzimmer durchgeführt und angewandt werden können. Sie sind auf diese Weise den gegenwärtigen Bedingungen, unter denen Unterricht stattfindet, angepaßt. Nun ist es aber längst zum Allgemeingut geworden, daß die Idee, die Schule sei der beste Lernort, als überholt anzusehen ist. Lernen findet auch naturwüchsig in außerschulischen Feldern statt und dies scheint zum Teil einen gewichtigeren Einfluß auf die Entwicklung der Schüler zu nehmen, als das durch schulische Veranstaltungen möglich ist.

Von daher ist es wichtig, sich den Stellenwert der bisher vorgestellten Methoden der Gestaltpädagogik kritisch zu vergegenwärtigen. Sie geben wichtige Hinweise für die Förderung des Wachstums der Persönlichkeit und der Gruppe. Sie müssen jedoch ergänzt werden um Aktionen, die einen direkten Kontakt mit dem außerschulischen Leben fördern und auf eingreifendes Handeln abzielen. GOODMAN[1)], der führende theoretische Kopf der Gestalttherapie, zog daraus die radikale Konsequenz, den Rahmen der öffentlichen Schule zu verlassen und in sogenannten »street schools« näher an die gesellschaftliche Alltagsrealität heranzurücken.

Diese radikale Alternative bietet für die Mehrzahl der Pädagogen zur Zeit keine realistische Perspektive. Dennoch kann sie dazu sensibilisie-

---

1) GOODMAN 1975 und o. J.

ren, nach neuen Formen außerschulischen Lernens zu suchen, die das enge Feld schulischen Lernens ergänzen und erweitern.[1]

Konkret bedeutet das, wo immer es sinnvoll und möglich erscheint, sollte man die Schule verlassen und die Gesellschaft selbst als Lernort zu nutzen.[2] Wenn es ein zentrales Kennzeichen der gegenwärtigen gesellschaftlichen Entwicklung ist, daß der direkte Kontakt zur Realität immer mehr unterbrochen und nur noch über technische Medien vermittelt wird, dann muß alles unterstützt werden, was den direkten Kontakt zwischen Mensch und Umwelt fördert. Über die bloße Betrachtung hinaus sollten aber Möglichkeiten zum eingreifenden Handeln gegeben sein, damit die Schüler die Gesellschaft als etwas Veränderbares erleben und die Verantwortung für ihren eigenen Beitrag zur Gestaltung der Gesellschaft erkennen können.
Beispiele dafür sind:

- Stärkere Beteiligung der Schüler an der Selbstverwaltung der Schule (Organisation der Medienausleihe, kulturelle Angebote, Schülerzeitung, Theater, Musik, Sportgruppen usw.).
- Stärkere Beteiligung der Schüler an der Planung und Durchführung von Unterricht (stärkere Betonung der Klassengemeinschaft, indem leistungsstärkere Schüler leistungsschwächere unterstützen, Übernahme von Tutorenfunktionen durch ältere Schüler usw.).
- Aufgaben im Rahmen von Nachbarschaftshilfe, Altenhilfe, Kinderbetreuung übernehmen (Stichwort: Community School).
- Spielplätze, Schulgarten usw. planen, bauen und warten.
- Auslandsaufenthalte planen und durchführen. Klassenkorrespondenzen mit ausländischen Partnerklassen aufbauen und Programme für gegenseitigen Besuch bzw. brieflichen Unterricht entwickeln.
- Projekte zur Erkundung der unmittelbaren Umwelt konzipieren (Luft- und Wasserqualität messen, den Zustand von Bäumen erkunden, Passanten zu aktuellen Problemen befragen usw.).
- Häufiger als bislang Betriebsbesichtigungen und Betriebspraktika durchführen.
- Patenschaften für Kinder in der Dritten Welt übernehmen.
- Bazare für gemeinnützige Ziele veranstalten.

---

1) Vgl. BUROW 1983
2) So sieht z.B. die Praxis der Damaschke-Schule in Berlin-Kreuzberg aus.

- In Jugendverbänden mitarbeiten (wobei Lehrer dieses Engagement fördern können und die Erfahrungen zusammen mit den Schülern auswerten).
- Patenschaften für politische Gefangene im Rahmen von Amnesty International übernehmen.
- Klassenfahrten als »Gegenwelterfahrungen« konzipieren (die Schüler sollen eine Welt erfahren, die eine Gegenwelt zu ihren normalen Alltagserfahrungen darstellt und damit ihren Horizont und ihre Entscheidungsalternativen erweitert.)
- Im Rahmen von schulischen und außerschulischen Konflikten die Fähigkeit der Schüler zur solidarischen Interessenvertretung fördern.
- usw.

Der Kontakt mit der »Schule des Lebens« zielt auf das Erkennen der Möglichkeiten und Grenzen eingreifenden Handelns ab. Die Schüler sollen sich als Wirkende und Bewirkte erkennen und begreifen. Der Kontakt mit exemplarischen Bereichen der außerschulischen Realität soll so organisiert sein, daß die Schüler Zusammenhänge erkennen können und soziologische Phantasie mobilisieren.[1] Ein konkretes Beispiel dafür ist die Untersuchung der eigenen Wohnsituation:

● Die Schüler malen ihre eigene Wohnsituation und tauschen sich mit ihren Mitschülern darüber aus. Es werden Unterschiede und Gemeinsamkeiten herausgearbeitet. In einem weiteren Schritt wird die Situation im schulischen Umfeld untersucht, um dann auf die Erörterung der Frage nach der Herausbildung von spezifischen Wohnverhältnissen zu kommen. Die Schüler können im Verlauf der Unterrichtseinheit ihre eigene Wohnsituation als Ausdruck individueller Entscheidungen und gesellschaftlicher Einflußfaktoren begreifen.

Dieses Beispiel soll deutlich machen, daß es im Rahmen der Gestaltpädagogik nicht um eine individualisierte Innenweltschau geht, sondern um den Versuch der Initiation ganzheitlicher Lernprozesse. Wenn Lernen effektiv sein soll, muß zum Denken und Fühlen die Erfahrung gesellschaftlich folgenreichen eingreifenden Handelns kommen.[1)]

---

1) Vgl. FELLSCHES 1977

4. Gestaltpädagogik im Fachunterricht

Im Folgenden werden Unterrichtsbeispiele aus den Fächern Deutsch, Englisch, Musik, Sozialkunde, Physik und Kunst/Bildnerisches Gestalten vorgestellt. Im Anschluß an jedes der exemplarischen Unterrichtsbeispiele, die z.T. in Grund-, Sonder- und Gesamtschule durchgeführt wurden, werden eine Reihe von weiteren Unterrichtsanregungen, Spielen und Übungen angefügt. Diese sollen als Materialiensammlung dienen, auf die der Lehrer entsprechend den Anforderungen seines Unterrichts zurückgreifen kann.

Es ist kein Zufall, daß die geisteswissenschaftlichen Fächer mehr Raum einnehmen als die naturwissenschaftlichen. Denn zum einen scheint eine Umsetzung gestaltpädagogischer Prinzipien und Methoden im geisteswissenschaftlichen Bereich leichter und naheliegender zu sein. Zum anderen gibt es bisher so gut wie keine Gestaltpädagogen, die entsprechende Unterrichtsbeispiele aus dem naturwissenschaftlichen Bereich entwickelt haben. Bei der Vorstellung der einzelnen Unterrichtsbeispiele setzen wir die Kenntnis der grundlegenden Methoden der Gestaltpädagogik voraus und bitten den Leser, bei Verständnisproblemen in Kapitel 3 nachzulesen. Die Zuordnung von Unterrichtsanregungen, Beispielen und Spielen zu den einzelnen Fächern war nicht immer eindeutig vorzunehmen, sodaß gewisse Überschneidungen nicht zu vermeiden waren.

In unseren Unterrichtsbeispielen haben wir versucht, in konzentrierter Form gestaltpädagogisches Vorgehen zu demonstrieren. Dadurch kommt es zu einer idealtypischen Anhäufung gestaltpädagogischer Methoden, die die Umrisse eines veränderten Unterrichts skizzieren sollen. In der schulischen Alltagsrealität wird der Lehrer nach und nach einzelne Elemente in seinen gewohnten Unterricht integrieren. Um dem Leser einen orientierenden Überblick zu ermöglichen, bringen wir zunächst eine Übersicht über Kriterien für einen gestaltpädagogischen Unterricht. Diese Kriterien bildeten eine Grundlage für die Konzipierung unserer Unterrichtseinheiten.

Kriterien für einen gestaltpädagogischen Unterricht[1)]

1. Verbindung der Lerninhalte mit persönlichen Bedeutungen
2. Einbeziehung der individuellen Lebensgeschichte in den Unterricht
3. Einbeziehung der Lebensbedingungen in den Schulalltag
4. Ausgehen vom Hier-und-Jetzt des Klassenraums
5. Berücksichtigung möglichst vielfältiger Sinnesebenen
6. Förderung einer lernanregenden Klassenatmosphäre
7. Herstellung direkter Kommunikation
8. Einüben von aktivem Zuhören
9. Einbeziehung nonverbaler Kommunikation
10. Aufbau positiver und hilfreicher Beziehungen
11. Experimentieren mit Entscheidungen
12. Verwendung von Phantasiereisen
13. Verwendung von Kunst, Musik, Rollenspiel, Literatur, Tanz u.ä. zur Förderung von Selbstausdruck
14. Selbständige Produktion von Unterrichtsmaterialien
15. Verwendung von Identifikationsübungen
16. Verwendung von Spielen und Übungen

4.1. Deutsch

Nach einführenden Überlegungen zu einem gestaltpädagogischen Deutschunterricht erfolgt die detaillierte Darstellung eines Unterrichtsbeispiels (4.1.2.).
Im Abschnitt 4.1.3. geben wir dann vielfältige Unterrichtsanregungen zu den Bereichen:

- Literaturunterricht,
- Bildbeschreibung,
- Gespräch und Spiel,
- Lesen und Sprechen,
- Sprachlehre
- Rechtschreibung und Zeichensetzung.

---

1) Diese Kriterien werden im Kapitel 4.2. (bezogen auf den Englischunterricht) ausführlich erläutert.

4.1.1. Aspekte eines gestaltpädagogischen Deutschunterrichts

Der zentrale Aspekt eines gestaltpädagogischen Deutschunterrichts besteht im Versuch der Verbindung des Erwerbs von fachlichen Kompetenzen und persönlichem Wachstum. Die fachlichen Inhalte werden als Medium zur Herstellung von Kontakt und Begegnung genutzt, wie auch Kontakt und Begegnung eine Voraussetzung für die bewußte und persönlich bedeutungsvolle Integration des fachlichen Inhalts darstellen (vgl. Kapitel 2).

Herkömmliche Ziele des Deutschunterrichts, die Sprache vorwiegend als zu untersuchendes Abstraktum betrachten, werden in der Gestaltpädagogik durch eine stärkere Berücksichtigung der »persönlichen Bedeutsamkeit« ergänzt.

Wenn ich, um ein Beispiel zu nennen, ein kritisch reflektierendes Verhältnis zur Sprache entwickeln will, dann genügt es nicht, allgemeine Sprachmuster zu untersuchen, sondern es geht zunächst auch um eine bewußte Wahrnehmung meiner eigenen Sprachmuster. Hinter der Sprache meiner Schüler stehen individuelle Lebensgeschichten und Verarbeitungen von unterschiedlichen Lebensverhältnissen, deren bewußte Durchdringung die Voraussetzung für eine Erweiterung des Sprach- und Verhaltensrepertoires darstellt.

Ein solches Interesse an der konkreten Individualität des Schülers ist zugleich eine wesentliche Voraussetzung für die Unterstützung motivierter Arbeitsprozesse. Indem Sprache und ihre Wirkungen als Medium des Selbstausdrucks und des kommunikativen Dialogs zu einem Instrument der bewußten Analyse und Bildung der eigenen Identität werden, kann Deutschunterricht zu einem persönlich bedeutsamen Lernprozeß[1] beitragen. Die Beschäftigung mit Sprache und sprachlichen Produkten leistet auf diese Weise einen Beitrag zur persönlichen Entwicklung von Lehrer und Schüler.

---

1) Vgl. BÜRMANN 1983

4.1.2. Unterrichtsbeispiel: »Das schwarze Schaf« von James Krüss (Literarische Erziehung)

Am Beispiel der Behandlung des Gedichts »Das schwarze Schaf« sollen im Folgenden exemplarisch Methoden der Gestaltpädagogik im Bereich der literarischen Erziehung in der Grundschule (Klassenstufe 5/6) aufgezeigt werden.

In diesem Gedicht versucht Krüss die Problematik der Diskriminierung von Individuen aufgrund äußerlicher Merkmale zu verdeutlichen.

Ein schwarzes Schaf wird von seinen weißen Brüdern geächtet und führt eine kümmerliche Existenz am Rande der Gemeinschaft. Als überraschend der Wolf auftaucht und das Leben der Schafe bedroht, fliehen alle bis auf das schwarze Schaf. Es hat mit dem Leben abgeschlossen und ist bereit zu sterben. Doch der Wolf ist durch die Andersartigkeit des Schafes und sein ungewöhnliches Verhalten verunsichert. Er flieht und das schwarze Schaf wird von seinen Brüdern vorübergehend als Held gefeiert. Doch mit der Rückkehr des normalen Alltages wird es wieder in seine Randposition abgedrängt.

Ziele des Unterrichts

Neben den als bekannt vorausgesetzten Lernzielen, die aus traditionellen Fachdidaktiken abgeleitet werden können, zielt die gestaltpädagogische Didaktik auf folgende Aspekte ab:

- Einfühlung (Empathie) in die Situation des schwarzen Schafes und Verbindung zur eigenen Situation;
- Erkennen, was das andere in mir auslöst, wie ich auf abweichendes Verhalten, bzw. abweichende äußerliche Merkmale reagiere;
- Erkennen von eigenen Verhaltensmustern und Erweiterung dieser Muster;
- selbstreflexive Einsicht durch Einfühlen und Erfahren.

James Krüss

DAS SCHWARZE SCHAF

1. Es war einmal ein schwarzes Schaf,
das hatte weiße Brüder.
Es kaute friedlich, stumm und brav
Das Gras der Wiese wieder.
Doch spottete die Brüderschar,
Weil es so schwarz wie Kohle war.

2. Dann fielen Tränen groß und schwer,
ins Gras der Wiese nieder.
Tagtäglich grämte es sich mehr
Bei dem Gespött der Brüder.
Denn es ist schwer, so ganz allein
Ein armes, schwarzes Schaf zu sein.

3. Nun kam einmal ein Wolf daher,
der heulte angsterregend.
Neun weiße Schafe blökten sehr
Und flohen in die Gegend.
Neun Schafe flohen von den Zehn,
Das schwarze nur blieb traurig stehn.

4. Zum Wolfe schlich das schwarze Tier
Mit tiefgebeugtem Nacken.
Komm her, Herr Wolf! Ich warte hier.
Du darfst mich ruhig packen.
Beende meinen Lebenslauf,
Und friß mich bitte auf!

5. Der Wolf begann, sich auf der Stell
Die Lippen abzuschlecken.
Jedoch das Fell, das schwarze Fell,
Erfüllt den Wolf mit Schrecken.
Er steht. Er lugt. Ein Sprung. Ein Blick.
Der Wolf flieht in den Wald zurück.

6. Neun Schafe rings am Wiesenrand
Bestaunen ihren Bruder.
Neun Schafe suchen unverwandt.
Den Wolf, das böse Luder.

Jedoch der Wolf erscheint nicht mehr.
Neun weiße Schafe staunen sehr.

7. Zwei Tage galt das schwarze Schaf
Als Held für seine Brüder.
Es freute sich und kaute brav
Das Gras der Wiese wieder.
Doch als der dritte Tag begann,
Da fing das Spotten wieder an.

8. Vergessen war der Wolf im Wald,
Vergessen die Gefahren.
Man lacht, man schreit, es klingt, es schallt:
Du Biest mit schwarzen Haaren!
Das schwarze Schaf kaut grünes Gras.
und denkt sich traurig dies und das.

Der Mechanismus der Ausgrenzung des Andersartigen soll also nicht allein kognitiv nachvollzogen, sondern auch emotional erfahren werden, um so ein bewußteres, in den eigenen Emotionen verankertes Verständnis für diese Problematik zu gewinnen.

Durchführung

1. STUNDE (DOPPELSTUNDE)

– Lehrer liest Gedicht vor.
– Schüler äußern sich zum Gedicht.
– Schüler lesen das Gedicht.

Phantasiereise (zur Durchführung vgl. 3.2.)

a) Entspannung
»Setz dich bitte bequem hin. Spanne einen Moment deine Muskeln ganz fest an und jetzt laß los. Schließe bitte deine Augen und spüre, wie dein Atem geht. Laß ihn frei fließen und lockere verspannte Körperteile.« (4 Min., bitte vorher überlegen, an welchen Stellen Pausen notwendig sind.)

b) Identifikation
»Versuch dir jetzt vorzustellen, daß du das schwarze Schaf auf einer

Wiese stehen siehst. Im Hintergrund grasen seine weißen Brüder und beschimpfen es ab und zu.

Schau dir das Schaf ganz genau an. Wie sieht es aus? Wie fühlt es sich?

Stell dir jetzt vor, du bist dieses Schaf. Wie fühlst du dich? Was sagen deine Brüder zu dir? Was sagst du zu deinen Brüdern? Was denkst du über deine Brüder?« (8 Min.).

c) Rückkehr
»Verlasse jetzt bitte wieder das schwarze Schaf. Verabschiede dich langsam von ihm und den weißen Brüdern und kehre, wenn du fertig bist, in die Klasse zurück und öffne die Augen.« (3 Min.)

Visualisierung der Erfahrungen

a) »Malt jetzt bitte das schwarze Schaf und seine Brüder auf ein Blatt. Ihr habt 15 Min. Zeit.«
b) »Schreibt unter das Bild Sätze, die euch einfallen: Ich bin ein schwarzes Schaf. Ich. . .«

- Schüler tauschen ihre Bilder und Erfahrungen in Vierergruppen aus. Sie lesen sich ihre Sätze vor.
- Die Bilder werden in der Klasse aufgehängt. Die Schüler gehen in der Klasse herum und betrachten die Bilder. Sie unterhalten sich mit ihren Mitschülern darüber.

Gruppengespräch
Die Schüler tauschen in der Gesamtgruppe ihre Erfahrungen über diese Unterrichtsstunde aus, und die Ergebnisse werden zusammengefaßt.

2. STUNDE

- Schüler lesen Text.
- Schüler sollen in Partnerarbeit herausfinden, was dem schwarzen Schaf vorgeworfen und mit welchen Sätzen es verspottet wird.

Partnerübung:

Jeweils ein Schüler ist für drei Minuten das schwarze Schaf, einer ist das weiße. Das weiße Schaf verspottet nun seinen Bruder drei Minuten lang. Dann Rollentausch.
Der Lehrer fordert die Schüler auf:
»Unterhaltet euch bitte darüber, wie es euch als weißes und wie es euch als schwarzes Schaf ergangen ist. Wie habt ihr euch gefühlt?«

Dialogspiel in der Gruppe

Idealerweise sitzen die Schüler im Kreis. In der Mitte stehen zwei Stühle, wobei der eine das weiße Schaf, der andere das schwarze Schaf symbolisiert.

Der Lehrer gibt folgende Anweisung:
»Ihr könnt euch jetzt aussuchen, welches Schaf ihr sein wollt und könnt euch auf den jeweiligen Stuhl setzen und mit eurem Bruder sprechen. Wenn euch nichts mehr einfällt, verlaßt ihr den Stuhl und ein anderer Schüler setzt sich drauf. Andere Schüler können sich auch hinter den jeweiligen Stuhl stellen und das jeweilige Schaf mit Argumenten unterstützen.«

Nachdem das Spiel einige Runden gelaufen ist, gibt der Lehrer folgende zusätzliche Instruktion:
»Versucht auch die Rollen zu wechseln. Sagt mal etwas als schwarzes Schaf und als weißes Schaf.«

Auswertung/Tafelbild

Lehrer fordert die Schüler auf:
»Wie erging es euch als schwarzes Schaf, wie erging es euch als weißes Schaf?«
Begriffe werden an der Tafel gesammelt.
»Was wurde dem schwarzen Schaf vorgeworfen?«
Vorwürfe werden stichwortartig an der Tafel gesammelt.

Abschlußdiskussion in Dialogform

Lehrer gibt folgenden Impuls:
»Überlegt euch bitte, warum wird das schwarze Schaf verspottet? Warum habt ihr es selbst verspottet?«

Schüler, die sich dazu äußern wollen, setzen sich auf die zwei Stühle in der Mitte und sprechen miteinander, wobei die Plätze relativ schnell von anderen Schülern besetzt werden.

3. STUNDE

Lehrer gibt Einführung in das Stundenthema:
»Nachdem wir uns jetzt sehr ausführlich mit dem schwarzen Schaf beschäftigt haben, will ich heute mal darauf eingehen, wie wir selbst zu weißen Schafen werden. Wir wollen uns dazu Situationen aus unserem eigenen Leben anschauen. Damit wir uns diese besser vorstellen können, schlage ich euch eine kleine Phantasieübung vor.

Phantasieübung

»Schließt bitte die Augen (Entspannung wie oben). Überlegt euch mal eine Situation, wo ihr selber ein weißes Schaf seid, wo ihr also jemand anderen genauso verspottet, wie es die weißen Schafe getan haben. Schaut euch die Situation genau an. Wen verspottet ihr? Was sagt ihr zu ihm/ihr? Wie fühlt ihr euch dabei? Wie geht es dem/der anderen? Überlegt euch jetzt bitte, wie es dazu kam, daß ihr den anderen verspottet habt. Was habt ihr vorher erlebt? Wie war eure Stimmung? (ca. 8 Min.). Verabschiedet euch jetzt bitte von der Situation, kommt in die Klasse zurück und öffnet die Augen.«

Visualisierung der Erfahrungen

»Malt jetzt bitte die Situation, wie ihr euer Gegenüber verspottet. Ihr könnt auch eine Sprechblase einzeichnen, in die ihr eure Sätze schreibt.«

Erfahrungsaustausch in Vierergruppen

Die Schüler finden sich in bereits bestehende feste Viererarbeitsgruppen zusammen, betrachten ihre Bilder und erzählen ihre Geschichten.

Abschlußrunde

»Mir ist aufgefallen, daß es Zusammenhänge zwischen der Verspottung von schwarzen Schafen und der Situation der weißen Schafe vorher gibt. Fallen euch solche Zusammenhänge ein?«

Gruppengespräch, eventuell Festhalten der Ergebnisse in einem Tafelbild und Formulierung einer vorläufigen Quintessenz:

»Schwarze Schafe dienen uns häufig dazu, von unseren eigenen Fehlern und Schwächen abzulenken. Wir benutzen und brauchen sie als Sündenbock.«

Kommentar

Der vorliegende Unterrichtsvorschlag soll als Anregung dienen, die entsprechend den konkreten unterrichtlichen Bedingungen und den persönlichen Voraussetzungen des Lehrers in modifizierter Form zur Anwendung kommen kann. Uns geht es darum, exemplarisch mögliche Vorgehensweisen aufzuzeigen, die aber nicht als umstandslos anzuwendende Rezepte verstanden werden dürfen, denn die Dynamik ist in jeder Gruppe anders.

Vor dem Hintergrund einige kurze Erläuterungen: *Entspannungsübungen* dienen dazu, dem Schüler Hilfestellungen bei der Konzentration seiner vollen Energie auf das Thema zu geben und Blockierungen abzubauen. Solche Übungen müssen den Schülern in ihrem Sinn erklärt und schrittweise eingeführt werden. Die Teilnahme an einer solchen Übung ist freiwillig (vgl. 3.2.).

Die *Phantasiereise,* verbunden mit der *Identifikation,* soll dazu dienen, das Gedicht mit den Erfahrungen und inneren Bildern der Schüler anzureichern. Indem sie sich mit dem schwarzen Schaf identifizieren, können sie sich leichter in die Problematik einfühlen und sie ganzheitlich erleben. Sie spüren die Trauer des Schafes und empfinden Wut, Ärger, Trauer usw. gegenüber den anderen Schafen.

Die *Visualisierung der Erfahrungen* stellt einen wichtigen Zwischenschritt dar, der es auch schwächeren Schülern unter Umgehung der Sprachbarrieren ermöglicht, ihre Erfahrungen und Empfindungen auszudrücken. Zudem schaffen die Schüler durch ihre kreative Tätigkeit sowohl Formen des Selbstausdrucks, als auch lebendige Unterrichtsmaterialien, die als Grundlage des weiteren Unterrichts benötigt werden. Auf diese Weise wird ihre kreative Eigentätigkeit unterstützt anstatt durch vorgefertigte Unterrichtsmaterialien eingeschränkt.

Die Verallgemeinerung der individuellen Erfahrungen erfolgt im *Gruppengespräch.* Die Gruppe selbst wird so zum Ort des Lernens und der intersubjektiven Verständigung.

In der zweiten Stunde wird das Prinzip des Lernens durch Erfahrung fortgeführt, indem die Schüler in der *Partnerübung* mit verschiedenen Rollen experimentieren. Diese Übung dient zugleich der Vorbereitung des *Dialogspiels in der Gruppe.* Durch diese Vorbereitung sollen möglichst viele Schüler in der Lage sein, einen der Plätze einzunehmen. Das Einnehmen der verschiedenen Plätze unterstreicht die Möglichkeit, beide Aspekte des Problems in der eigenen Person wahrnehmen zu können. Zudem wird der Akt des Entscheidens für eine oder mehrere Positionen deutlich. Das Sitzen in der Mitte der Gruppe kann zudem einen motivierenden Charakter haben.

Der *Erfahrungsaustausch in Vierergruppen* stellt eine wichtige Möglichkeit dar, den einzelnen Schülern mehr Gelegenheit zum Erfahrungsaustausch im Rahmen auch größerer Gruppen zu geben.

Insgesamt zielen unsere methodischen Vorschläge darauf ab, die abstrakte Diskriminierungsproblematik unter Anknüpfung an die Erfahrungen und Empfindungen der Schüler als ein Problem zu verdeutlichen, das jeden von uns in seinem Verhalten betrifft. Die Schüler sollen sich über ihr eigenes Verhalten bewußter werden, gesellschaftlich vermittelte starre Verhaltensmuster (Introjekte) erkennen lernen und in die Lage versetzt werden, bewußte eigene Entscheidungen zu treffen. Von daher zielen unsere methodischen Vorschläge auf die Ermöglichung von Kontakt und Begegnung auf den Ebenen Denken/Fühlen/Handeln ab.

Variationsmöglichkeiten

- Durchspielen verschiedener Konfliktlösemöglichkeiten. Die Geschichte wird bis zur sechsten Strophe vorgelesen, und die Schüler spielen die Situation nach, wobei sie den Ausgang der Geschichte selbst entwickeln (mögliche Lösungen: Versöhnung mit dem schwarzen Schaf, Entschuldigung für ihr Verhalten usw.).
- Dialogspiel zwischen persönlichen Anteilen. Jeder hat Anteile des schwarzen und des weißen Schafes in sich. Zwei Stühle in der Mitte der Gruppe symbolisieren diese Anteile. Die Schüler können nun abwechselnd diese Plätze einnehmen und Sätze folgenden Musters sagen:
  - »Als schwarzes Schaf bin ich. . .«
  - »Als weißes Schaf bin ich. . .«

  Man kann auch einen Dialog folgenden Musters machen:
  »Mir gefällt mein schwarzes Fell viel besser als dein weißes Fell. . .«
  Nach einer Phase der Unterscheidungen kann man dann zu einer gegenseitigen Annäherung der Positionen kommen und erkennen, daß man einander braucht.
- Phantasiereise: Eine Welt voller schwarzer Schafe,
  eine Welt voller weißer Schafe.
- Experimentieren mit Konkurrenzspielen. »Wie werde ich in Konkurrenzspielen zum schwarzen Schaf? Aufgrund welcher Merkmale werde ich diskriminiert? Welche Spiele gibt es, die ohne Diskriminierung auskommen?«

4.1.3. Weitere Unterrichtsbeispiele bzw. Anregungen, geordnet nach Bereichen des Deutschunterrichts

Literaturunterricht

Entsprechend dem exemplarisch dargestellten Vorgehen in unserem Unterrichtsbeispiel lassen sich vielfältige Formen eines veränderten Zugangs zur Literatur entwickeln, die einen stärkeren persönlichen Bezug zum Schüler herstellen. Dabei kommt es nicht so sehr auf den Vorrat entsprechender Ideen und Unterrichtsmodelle an, sondern eher geht es um eine Veränderung der Lehrerhaltung (vgl. Kapitel 6) und eine Kenntnis grundlegender Prinzipien und Verfahren. Nur dann wird der Unterricht des Lehrers im Dialog mit den Schülern ein eigenständiges Profil entwickeln können. Im Literaturunterricht geht es also um die Verwirklichung eines Kontaktes des literarischen Werkes mit der Person des Schülers auf möglichst vielfältigen Ebenen. Gleichzeitig kann Literatur Wege für neuartige Formen der Begegnung mit mir selbst und anderen aufzeigen.

Das Gedicht »Eisenbahngleichnis« von Erich KÄSTNER (s.u.) beschreibt beispielsweise in gleichnishafter Form die Zusammensetzung und Gliederung eines Zuges und der darin Reisenden in Analogie zur Gesellschaft. Die Lehrerin Ursula JACK[1] schlug ihren Schülern vor, sich mit einem dieser Reisenden zu identifizieren:

– Ich sitze in einem Zug. . .

Das Gedicht konnte auf diese Weise von den meisten Schülern sehr intensiv erfahren werden und die gleichnishafte Darstellung mit eigenen Erfahrungen und Bedeutungen verbunden werden.

In ähnlicher Form kann man die Schüler auffordern, sich mit handelnden Personen von Erzählungen, Prosatexten u.ä. zu identifizieren und die Handlungsweise der Personen nachvollziehen oder abweichende Handlungsmöglichkeiten im Nachspielen oder Umschreiben zu entwickeln.

---

1) Ausbildung in Gestaltpädagogik am GZB Berlin

Erich Kästner

DAS EISENBAHNGLEICHNIS

Wir sitzen alle im gleichen Zug
und reisen quer durch die Zeit.
Wir sehen hinaus. Wir sahen genug.
Wir fahren alle im gleichen Zug.
Und keiner weiß, wie weit.

Ein Nachbar schläft, ein andrer klagt,
ein dritter redet viel.
Stationen werden angesagt.
Der Zug, der durch die Jahre jagt,
kommt niemals an sein Ziel.

Wir packen aus. Wir packen ein.
Wir finden keinen Sinn.
Wo werden wir wohl morgen sein?
Der Schaffner schaut zur Tür herein
und lächelt vor sich hin.

Auch er weiß nicht, wohin er will.
Er schweigt und geht hinaus.
Da heult die Zugsirene schrill!
Der Zug fährt langsam und hält still.
Die Toten steigen aus.

Ein Kind steigt aus. Die Mutter schreit.
Die Toten stehen stumm
am Bahnsteig der Vergangenheit.
Der Zug fährt weiter, er jagt durch die Zeit,
und niemand weiß, warum.

Die 1. Klasse ist fast leer.
Ein feister Herr sitzt stolz
im roten Plüsch und atmet schwer.
Er ist allein und spürt das sehr.

Wir reisen alle im gleichen Zug
zur Gegenwart in spe.
Wir sehen hinaus. Wir sahen genug.
Wir sitzen alle im gleichen Zug
und viele im falschen Coupé.

Gedichte lassen sich vorbereiten, indem man zunächst bestimmte Reizwörter aus dem Text vorliest und die Schüler dazu assoziieren läßt. Auf diese Weise können sie den Begriffen ihre eigenen Erfahrungen gegenüberstellen, um sich auf diese Weise dann dem Text des Dichters zu nähern.

Man kann Schüler auffordern, sich einen besonders wichtigen Satz herauszuschreiben und – ausgehend von diesem Satz – einen kleinen Text entwickeln lassen. Gedichte oder kurze Texte lassen sich auch zunächst in Form von Bildern darstellen, um dann, vermittelt über die Bilder, einen Zugang zum Gedicht zu entwickeln.

Anhand von Beispielen lassen sich aber auch eigene Gedichte entwickeln. Susanne ZEUNER[1)] verwendete dazu ein Gedicht von Wolfgang WEYRAUCH:

ICH BIN EIN A

Atmend
nicht atmend
anfangend
aufhörend
bin ich ein A

anzündend
bin ich ein A

abhauend
auswandernd
mich aus dem Staub machend
abkratzend
bin ich ein A

anzündend
bin ich ein A
mich anzündend
bin ich ein A

Nach der Besprechung des Gedichtes erhalten die Schüler den Vorschlag, nach diesem Muster selbst ein Gedicht zu schreiben:

---

1) Ausbilderin in Gestaltpädagogik am IGG Berlin, Hauptschullehrerin

»Ich bin ein. . .«

Weitere Möglichkeiten bestehen darin, Teile von Gedichten bzw. Texten wegzulassen, die die Schüler dann selbständig ergänzen.

Man kann auch angefangene Sätze vorgeben, die dann zu kleinen Gedichten führen:

Nachher muß ich. . .
Morgen soll ich. . .
Übermorgen darf ich. . .
Nächste Woche sollte ich. . .
Übernächste Woche dürfte ich. . .
Übernächstes Jahr könnte ich. . .
Jetzt will ich. . .

Ergänzt bitte die Sätze und erfindet eine »Überschrift für das Gedicht!«

Einfachere Formen kann man aus Wortgedichten entwickeln, die auch durch Zeichnungen unterstützt werden können. Ein Begriff wird vorgegeben und gegebenenfalls durch eine Phantasieübung bewußter erfahren, um dann ein Gedicht folgenden Musters zu entwickeln:
Das Wort »Apfel« ist vorgegeben.

A pfelbäume
P eriodisch
F euerrot
E wiger
L ebenslauf

Kürzere Texte oder Gedichte kann man von den Schülern auch mit verschiedenfarbigen Filzstiften auf große Zeichenblätter nach Diktat schreiben lassen (Idee nach Silvia FROESE[1]). Auf diese Weise entstehen viele individuell geprägte unterschiedliche Gedichte. Interessant sind Hervorhebungen, Farben für verschiedene Stimmungen, Schriftgrößen, Piktogramme u.ä. Auch bei diesem Vorgehen geht es darum, den Schülern eine Möglichkeit zu geben, einen persönlichen Bezug zum Gedicht darzustellen.

---

1) Gestaltpädagogikausbildung am FPI Mainz

Erzählen

Die Berücksichtigung der Gesichtspunkte Kontakt und Begegnung auf den Ebenen Denken/Fühlen/Handeln weist den Weg unterrichtlicher Vorgehensweisen im Bereich mündlichen und schriftlichen Erzählens. Die Schüler können Kontakt zu sich selbst und zur eigenen Phantasie entwickeln, vermittelt über Phantasiereisen, in denen sie ihren inneren Bildern konfrontiert werden. Beispiel:

– Nach einer Entspannung:
  »Schließe bitte deine Augen. Stell dir vor, es ist Sommer. Du läufst eine Landstraße entlang, die sich langsam ins Hochgebirge windet. Du schaust dir dabei die Gegend an. Was siehst du? Wie fühlst du dich? Langsam wird es Mittag. Du kommst zu einem Rastplatz, wo du auf eine Person triffst, die dir etwas sehr Wichtiges sagt. Wie sieht diese Person aus? Wer ist sie? Was sagt sie dir? Wohin gehst du nach dieser Botschaft? usw.«

Je nach Zielsetzung können solche Phantasieübungen durch inhaltliche Vorgaben stärker gelenkt oder durch offenere Gestaltung unbestimmter gehalten werden (vgl. 3.2.). Ebenso kann man in der weiteren Verarbeitung variieren, indem man eine Stufe des Malens dazwischenschaltet, die Geschichte als Pantomime darstellen und raten läßt, sie dramatisieren läßt oder ähnliches. Unvollständige literarische Texte können als Vorlage genommen werden, wie auch Erzählungen über gemeinsame Erlebnisse (Schulausflug, Berichte aus der Freizeit usw.). Solche Berichte können durch Alter-Ego-Übungen vertieft werden:

– Ein Schüler berichtet über ein gemeinsames Erlebnis. Andere Schüler können sich hinter ihn stellen und ihn ergänzen.

Hier geht es darum, unterschiedliche Verarbeitungsweisen von Erlebnissen bewußt zu machen.
Eine gute Methode, um eigene Projektionen sichtbar zu machen, besteht darin, Schüler zu einer Bildgeschichte Texte machen zu lassen. Daran anschließend wird untersucht, was tatsächlich aus den Bildern zu entnehmen ist und was man aus seiner eigenen Phantasie hinzugedichtet hat.

Als Erzählübung kann man auch Kettengeschichten entwickeln:

– Ein Stuhl steht in der Mitte. Ein Schüler setzt sich drauf und erzählt eine Geschichte. Nach einem oder mehreren Sätzen (vorher festgelegte Regel) setzt sich ein anderer Schüler auf den Stuhl und erzählt weiter.

Eine andere Möglichkeit besteht darin, vorher zwei oder mehrere Rollen vorzugeben, die durch Stühle symbolisiert werden. Wer etwas zu der jeweiligen Rolle beizutragen hat, setzt sich auf den entsprechenden Stuhl, so daß die Gruppe einen Text entwickelt, der auf Tonband gesprochen werden kann, um ihn später zu besprechen.

Bildbeschreibung

Die Bildbeschreibung stellt eines der bekanntesten Beispiele für einen gestaltpädagogischen Deutsch- bzw. Kunstunterricht dar. So haben neben anderen WEBER/GADOW[1)] ein exemplarisches Beispiel anhand des Rembrandt-Bildes »Mädchen am Fenster« gegeben. Auf diesem Bild ist ein Mädchen dargestellt, das aus dem Fenster schaut.

In der ersten Doppelstunde sollen sich die Schüler mit dem dargestellten Mädchen identifizieren und malen, was sie als dieses Mädchen beim Blick aus dem Fenster sehen. Die persönlichen Phantasievorstellungen der Schüler (z.B. »Ich sehe aus dem Fenster und erwarte meinen Freund. . .«) bilden dann die Grundlage für eine Interpretation des Gesichtsausdrucks des Mädchens.

In der nächsten Doppelstunde sollen sich die Schüler vorstellen, sie stünden selbst am geöffneten Fenster und sähen das Mädchen an. Diese Situation stellen sie in einem Selbstportrait dar. In der Besprechung berichten die Schüler dann, wie das Mädchen auf sie gewirkt hat. In einer dritten Doppelstunde entwickeln die Schüler dann eine Bildergeschichte, in der sie schildern, wie sie mit dem Mädchen Kontakt aufnehmen und was sie mit ihm unternehmen. Hierbei wird die Methode des Dialogspiels eingesetzt:

- Ein Stuhl symbolisiert das Mädchen, ein zweiter den jeweiligen Schüler. Durch Wechsel zwischen beiden Stühlen versetzen sich die Schüler in die Rolle des Mädchens und in ihre eigene.

---

1) WEBER/GADOW 1982

Hierbei können Möglichkeiten der Kontaktaufnahme und des eigenen Kontaktverhaltens besprochen werden. In der vierten Stunde erfolgt ein Dia-Vortrag zu Leben und Werk Rembrandts.

Das Beispiel macht deutlich wie in der Gestaltpädagogik versucht wird, einen persönlicheren Bezug der Schüler zum Unterrichtsgegenstand zu fördern und gleichzeitig die Auseinandersetzung mit Kunstwerken zur Förderung von Selbstbewußtheit zu nutzen.

Andere Möglichkeiten bestehen darin, durch die Identifikation mit Personen aus historischen oder zeitgenössischen Darstellungen ein tieferes Verständnis für literarische Werke anzubahnen.

Gespräch und Spiel

Allzuhäufig herrscht noch im Bewußtsein vieler Lehrer eine verhängnisvolle Trennung zwischen Arbeit und Spiel mit der Konsequenz, daß Spiele im Unterricht nichts zu suchen hätten. Wir gehen demgegenüber davon aus, daß Spiele eine besondere günstige Form des Lernens darstellen, vorausgesetzt, man vermittelt den Schülern diese Einsicht. Gespräch und Spiel bieten vielfältige Zugänge, um Kontakt und Begegnung im Unterricht zu realisieren.

Eine wesentliche Voraussetzung für erfolgreiche Kommunikation und intersubjektive Begegnung ist die Fähigkeit, die Informationen des Partners angemessen und verzerrungsfrei zu dechiffrieren. Es bietet sich von daher, in Analogie zu ROGERS'[1] Konzept des »aktiven Zuhörens« und der von GORDON[2] entwickelten Übungen, ein Vorgehen an, das den Schülern vielfältige Übungsmöglichkeiten in diesem Bereich eröffnet:

Kontrollierter Dialog

Jeder Teilnehmer A erhält einen Partner B. B muß zunächst den Beitrag von A mit eigenen Worten wiedergeben und darf erst dann seinen eigenen Beitrag leisten. A gibt ein Feed-back, ob er sich richtig verstanden fühlt.

Man kann auch A die Aufgabe geben, 5 Minuten lang seine Meinung zum Thema »Rauchen in der Schule« zu erzählen. Danach muß B diese

---

1) Vgl. ROGER'S 1972, 1977, 1984
2) Vgl. GORDON 1977

Meinung zusammenfassen und trägt dann seinerseits seine Ansichten zu dem jeweiligen Thema vor.
(Ziel: Zuhören lernen, Einfühlung entwickeln, sachgerechtes Zusammenfassen von Diskussionsbeiträgen).

Rollentausch

Durch das Hineinversetzen in andere Personen (Identifikation) kann gelernt werden, sich in andere Personen einzufühlen und ihre Gedankenwelt relativ verzerrungsfrei (frei von eigenen Projektionen) kennenzulernen:
»Stell dir vor, was du als Peter dazu sagen würdest. . .«

Erarbeitung von Feedback-Regeln

Um direkten Kontakt zwischen den Schülern untereinander und gegenüber dem Lehrer zu ermöglichen, empfiehlt es sich, ein System von Feedback-Regeln aus den Anforderungen der Klassensituation zu entwickeln. Die Schüler sollen erkennen, daß die Art und Weise, wie sie ihrem Mitschüler begegnen, sehr unterschiedliche Folgen haben kann.

Beispiele für Feedback-Regeln: [1]

1. Feedback sollte immer eindeutig sein.
2. Feedback sollte dem Partner im direkten Kontakt gegeben werden: Sprich deinen Mitschüler direkt an, seh ihn an usw.. . .
3. Für Feedback sollte ich Verantwortung übernehmen: Sprich mit »ich« statt mit dem unpersönlichen »man«.
4. Feedback sollte konstruktiv sein.
5. Feedback sollte möglichst unmittelbar gegeben werden.
6. usw.

Im Dialog mit den Schülern können solche Regeln formuliert und in ihrer Wirkung praktisch erprobt werden.

Regeln für das Lösen von Konflikten

Der Umgang der Schüler und Lehrer mit Konflikten kann zum Ausgangspunkt für die Entwicklung von Rollenspielen genommen werden, in denen stärker einfühlende und eher konfrontative Konflikt-

---

1) Vgl. 3.3.

lösungsstrategien auf ihre Eignung hin untersucht werden. Hierbei kann die Wirkung von Redestrukturen untersucht werden:
»Du hast eben einen Vorwurf gemacht. Was hat der bei deinem Partner ausgelöst? Was bewirken Vorwürfe?«

Übernahme von Verantwortung

Gesellschaftlich vorherrschend ist eine unpersönliche Sprache, in der wir uns hinter »man« und ähnlich allgemeinen Floskeln verstecken. Ein Ziel der Gesprächserziehung müßte es sein, daß die Schüler lernen, Verantwortung für ihre Aussagen zu übernehmen:

- Experimentieren mit »man«- und »ich«-Aussagen:
  »*Man* hat ja keine Lust/*Ich* habe keine Lust«.
- direkte Kommunikation
  »*Es* gibt ja *welche*, *die* meckern immer.
  Mir ist aufgefallen, daß *du* immer meckerst,
  und das ärgert *mich*.«

Solche Übungen lassen sich in Unterrichtseinheiten zu Themen wie »Andere verstehen«, »Konflikte lösen«, »Verhalten in Diskussionen« usw. einbinden. Dabei ist aber im Sinne des Hier-und-Jetzt-Prinzips die Gegenwartsbedeutung des Themas für die Schüler zu berücksichtigen, um nicht in ein formales Kommunikationstraining abzurutschen, das die Schüler schnell ermüdet. Von daher lassen sich solche Einheiten nur bedingt planen. Viel wichtiger ist es, daß der Lehrer in der Lage ist, sich von übertriebener Planung freizumachen und echte Konfliktsituationen zum Ausgangspunkt nehmen kann.

Eine weitere Möglichkeit, Kontakt und Begegnung in der Klasse zu fördern, besteht im wohldosierten Einsatz von *Interaktionsspielen*[1)], die geeignet sind, Aspekte zwischenmenschlicher Kommunikation lebendig erfahrbar zu machen.

Ein wesentliches Thema, das auf diese Weise behandelt werden kann, besteht in der bewußten Reflexion des verbalen und nonverbalen Umgangs der Schüler untereinander.

Zum Beispiel hatten sich in einer unserer Klassen die Mädchen darüber beschwert, daß die Jungen ausschließlich aggressiv mit ihnen umgehen, sie schlagen und bespucken.

---

1) Spielesammlungen bei GUDJONS 1978; VOPEL 1978

Wir stellten zwei Stühle in die Mitte der Klasse. Einen für die Position der Jungen, einen für die Mädchen. In der Art des oben beschriebenen kontrollierten Dialogs konnten sich Schüler, die etwas zum Thema zu sagen hatten, auf einen der Stühle setzen. Dabei mußten sie aber vor einer Entgegnung die Meinung des Gegenübers in eigenen Worten ausdrücken. Ein Ergebnis dieser Diskussion war, daß die Schüler erkannten, daß sowohl Jungen wie Mädchen mit den Umgangsformen unzufrieden waren. Die Jungen mußten ihre Angst vor Kontakten mit den Mädchen erkennen, die sie durch ein aggressives Verhalten verdeckten. Wir experimentierten dann mit anderen Formen des Umgangs. Hier einige Beispiele:

Vertrauensspaziergang
Die Schüler bilden Paare. Ein Schüler schließt die Augen und wird vom anderen geführt. Variante: Der Geführte ist ein Fotoapparat. Wenn ihm sein Partner die Hand auf den Kopf legt (»Auslöser«), dann darf er ein Foto machen, also kurz die Augen öffnen. Hinterher tauschen sie sich über die Bilder aus.
Ähnlich kann man auch einen Schwerpunkt auf andere Sinne legen (riechen, fühlen, tasten usw.).

Vertrauenskreis
Ca. 12 Schüler stehen eng im Kreis und halten ihre Hände angewinkelt vor sich. Ein Schüler, der diese Übung machen will, steht in der Mitte mit geschlossenen Augen und läßt sich fallen. Die anderen Schüler fangen ihn sanft auf und lassen ihn, solange er es will, kreisen.

Spiegeln
Ein Schüler macht etwas vor, der andere macht es spiegelbildlich nach.

Faden führen
Beide Schüler sind durch einen imaginären Faden, den sie zwischen Daumen und Zeigefinger halten, miteinander verbunden. Einer übernimmt die Führung, später wird gewechselt.

Aufstellen nach verschiedenen Kriterien
Alle Schüler schließen die Augen und laufen vorsichtig im Raum umher. Sie erhalten nun die Anweisung, ohne ein Wort zu sprechen und mit geschlossenen Augen sich nach der Haarfarbe aufzustellen. Der hellste ist vorn, der dunkelste am Ende der Reihe (klappt erstaunlicherweise fast immer!).
Variationen: Nach der Größe, nach der Schuhgröße usw.

Stärkebombardement
Die Gruppenmitglieder teilen einem Schüler mit, was sie an ihm gut finden. Der Schüler sitzt auf einem Stuhl vor der Klasse. Wer Lust hat, kann dann seinen Platz einnehmen.

Lesen und sprechen

Zentrale Aufgabe des Deutschunterrichts unter gestaltpädagogischen Gesichtspunkten ist es, die Schüler dazu zu befähigen, den ihnen gemäßen Weg des Selbstausdrucks und der Identitätsfindung zu finden. Erst wenn ich als Lehrer dazu in der Lage bin, die persönlichen Stärken meiner Schüler zu sehen und zu fördern, werde ich sie auch zur Auseinandersetzung mit komplexeren Unterrichtsinhalten führen können.

In einer unserer Klassen gab es z.B. einen Schüler, der sehr wenig Interesse am Deutschunterricht zeigte und äußerst schwache Leistungen aufwies. Da wir von seinem Fußballinteresse wußten, erhielt er ein Buch über einen Fußballstar, über das er der Klasse berichten sollte. Er tat das mit erstaunlichem Engagement und war sogar in der Lage, einen für seine Verhältnisse recht guten Text zu schreiben. Daraus entwickelte sich die Einrichtung einer regelmäßigen Stunde, in der Schüler Bücher, die sie interessierten, mitbrachten und vorstellten. Im Rahmen einer gemeinsamen Klassenzeitung wurden dann kleine Buchbesprechungen zu selbstgewählten Themen, die nicht nur auf Literatur im engeren Sinne bezogen waren, zusammengestellt.

Dieses Beispiel soll auf die Notwendigkeit hinweisen, sich von einem engen Fachverständnis zu befreien und stärker die Person des Schülers zu sehen, um positive Fähigkeiten besser zu fördern.

Sprechspiele/Assoziationsübungen
Ein Text wird vorbereitet, indem zentrale Begriffe herausgenommen werden. Die Schüler sitzen im Kreis und assoziieren zu dem vorgegebenen Begriff (z.B. Liebe) und werfen dann einem anderen Mitschüler einen Ball zu, der dann weiter macht.
Liebe: Mai, Frühling, Mädchen, toll usw.

Variation: Ein Schüler gibt einen beliebigen Begriff vor, die andern assoziieren so lange, bis ein anderer einen neuen Begriff einführt. Man kann den Schwierigkeitsgrad erhöhen, indem Sätze assoziiert werden sollen.

Zu diesem Bereich gehören auch die bekannten einfachen Ratespiele. Beispiel:

H	and	O	fenrohr
A	pfel	L	ampe
U	hr	A	pfel
S	chwein	F	lugzeug

Das Wort Haus soll erraten werden. Zwei Schüler stellen dazu nacheinander Begriffe pantomimisch dar, die mit den Buchstaben des gesuchten Wortes »Haus« beginnen. Die anderen Schüler müssen also die Begriffe identifizieren und zu dem gesuchten Wort zusammenfügen (Andere Möglichkeit: Namen).

Freie Wahl von Vortragstexten
Das berüchtigte Auswendiglernen von Gedichten kann seinen Schrekken verlieren, wenn man den Schülern drei oder mehr Gedichte unterschiedlicher Länge und unterschiedlichen Schwierigkeitsgrades zur Wahl stellt. Jeder Schüler kann dann entscheiden, was er sich selbst zutraut und er kann darüberhinaus lernen, sich für ein Gedicht zu entscheiden, das ihm gefällt (Viele Schüler treffen hier echte Entscheidungen inhaltlicher Natur, unabhängig vom Arbeitsaufwand!)

Echte Situationen
Diskussions- und Argumentationsübungen sollten an echte gegenwärtige Probleme der Schüler anknüpfen oder zumindest eine entsprechende Verbindung aufweisen. Ungeachtet der Vorschläge in Sprach- und Lesebüchern sollte man erst einmal schauen, was in der eigenen Klasse an Thematik vorhanden ist.

Akzeptieren von Lesebedürfnissen
Die Lesebedürfnisse der Schüler sollten akzeptiert und verstanden werden und nicht gleich von unseren intellektuellen Maßstäben her abqualifiziert werden. Indem wir die Lesebedürfnisse der Schüler ernstnehmen, bekommen wir einen Zugang zu ihrer Bedürfnis- und Erfahrungswelt.
Es geht um die Klärung der Frage, welche Bedürfnisse mit dem Lesen von Comics, Bravo u.ä. erfüllt werden. Erst auf der Grundlage eines Ernstnehmens und Bewußtmachens dieser Bedürfnisse kann man zur Erweiterung ästhetischer Formen beitragen.

Vortragsübungen mit eigenen Texten
Die beklagte Passivität der Schüler wird durch den Arbeitsbogen- und

Schulbuchunterricht verstärkt. Vortragsübungen sollten daher mit der Produktion eigener Texte verbunden werden, um die kreativen Ausdrucksfähigkeiten der Schüler zu unterstützen.

Die Schüler im Feedback unterstützen
Um einen intensiveren Kontakt zu sich und anderen zu fördern, sollten die Schüler darin unterstützt werden, sich gegenseitig Feedback zu geben:

»Dein Vortrag war für mich zu schnell. Ich kam nicht mit.«
»Ich fand die Pause vor dem Höhepunkt der Geschichte gut. Dadurch war ich richtig gespannt.«

Aufgreifen von Ausdrucksweisen und Redewendungen
Die Sprache der Schüler ist ein wesentlicher Gegenstand des Unterrichts. Von daher sollten persönliche und kollektive Ausdrucksweisen und Redewendungen aufgegriffen und in ihrem Entstehungszusammenhang sowie ihrer Funktion durchschaut werden:

- spezielle Redewendungen, Modewörter
- Sprüche
- Dialekte, Soziolekte
- Auf welche Weise stelle ich mich durch meine Sprache dar?

Sprachlehre

Ohne hier auf den kontrovers diskutierten Stellenwert des Grammatikunterrichts eingehen zu wollen, möchten wir einige Anregungen für ein kreatives Vorgehen aufzeigen, die deutlich machen sollen, daß Grammatikunterricht auch Spaß machen kann.
Wortarten werden, um ein Beispiel zu geben, noch allzuhäufig formal eingeübt. Effektiver ist ein Vorgehen, in dem die Schüler bei der Übung der Kategorie »Adjektiv« sich darüber austauschen, welche positiven Eigenschaften sie haben:

- Ein Schüler geht nach vorn und notiert an der Tafel positive Eigenschaften, die seine Mitschüler über ihn benennen. (Begrenzung: drei Adjektive, dann der Nächste).

Auf diese Weise wird die Kategorie Adjektiv mit einer persönlich bedeutsamen positiven Erfahrung erlernt.

Weitere Beispiele:

Zeiten

Bei der Besprechung von Zeitenfolgen bietet es sich an auf konkrete biographische Erlebnisse der Schüler zurückzugreifen:

- »Ich wurde vor sieben Jahren geboren.«
- »Nachdem wir das Fußballspiel gewonnen hatten, bekam ich eine Urkunde.«
- »Vorgestern ging es mir gut.»
- usw.

Mögen diese Übungen sich auch auf den ersten Blick nicht von herkömmlichen unterscheiden, so besteht doch der grundsätzliche Unterschied in der Individualisierung, die es ermöglicht, individuelle und kollektive Erfahrungen auszudrücken, anstatt formale, persönlich sinnlose Satzreihen zu üben.

Satzarten

Auch hier können unpersönliche Vorgehensweisen verändert werden durch Übungen, die neben der Einübung etwa von Satzgefügen einen Beitrag zur Selbstklärung leisten:

- »Ich bin fröhlich, wenn. . .«
- »Ich bin traurig, wenn. . .«
- »Ich habe im Deutschunterricht Schwierigkeiten, weil. . .«
- »Seit gestern fühle ich mich besser, da. . .«

Frage- und Antwortsätze können in Partnerarbeit entwickelt werden, wobei neben der Klärung grammatischer Probleme die Vertiefung des gegenseitigen Verständnisses ein Ziel sein kann:

- »Wann bist du ärgerlich?«
- »Was machst du, wenn du dich in der Schule langweilst?«
- »Was ist dein liebstes Hobby?«
- usw.

Indirekte Rede

Schüler können sich in Partnerarbeit gegenseitig zu für sie wichtigen Themen interviewen:

- »Was beschäftigt dich im Moment am meisten?«
- »Wohin würdest du am liebsten reisen?«
- »Wie könnte der Unterricht interessanter werden?«
- »Was ist deine Meinung zur Apartheid-Politik in Südafrika?«
- usw.

Der Interviewer macht sich Stichworte. Dann Wechsel der Rollen. Im Anschluß wird eine Zusammenfassung in indirekter Rede erstellt. Der Schüler trägt diese Zusammenfassung dann der Klasse vor.

Variation: Die Schüler können Eltern, Lehrer, Gwerkschaftsvertreter usw. zu brisanten Themen interviewen und diese Berichte dann in indirekter Rede vortragen.
Eine andere Möglichkeit besteht darin, daß Kinder im Rahmen einer Phantasieübung ein Fabeltier erfinden (»Krokofant«) und malen. Sie suchen sich nun einen Partner (ein passendes Tier) und unterhalten sich in direkter Rede über ihr Leben als dieses Tier. Dann wird die Regel eingeführt, daß jeder den Partner und sein Leben in indirekter Rede vorstellen soll:
»Das Krokofant sagt, es lebe am Amazonas. . .«

Satzbau
Jeder Schüler kann sich einen Satzteil aus einer vorgegebenen Menge aussuchen und soll sich mit diesem Satzteil identifizieren. Die Aufgabe besteht nun darin, durch die Klasse zu laufen und Mitschüler zu finden, die mit ihrem Teil den Satz vervollständigen. Es geht zunächst darum, möglichst viele Sätze zu bilden.
In einer zweiten Runde stellen sich die Satzteile vor:

- »Ich bin das Prädikat. Ich stehe an zweiter Stelle des Satzes und würde gern mal vorne stehen.«
- »Ich bin das Subjekt und kann viele Personen sein. . .«
- usw.

Diese Liste von Beispielen kann jeder selbst erweitern, wenn er sich fragt:

- Wie kann ich emotionales und fachliches Lernen miteinander verbinden?
- Wie kann ich die Ebenen Denken/Fühlen/Handeln im Hier-und-Jetzt berücksichtigen?
- Wie kann ich die individuellen Bedürfnisse (Ich) mit sozialen Bedürfnissen (Wir) und den Anforderungen des Themas (Es) in Einklang bringen?

Rechtschreibung und Zeichensetzung

Als Ergänzung zu den vielfältigen Rechtschreibeübungen und Spielen kann man auch hier mit der Methode der Identifikation arbeiten:

- »Ich bin ein Komma, und leider werde ich oft an die falsche Stelle gesetzt. . .«

Analog der oben beschriebenen Übung mit den Satzgliedern können sich auch einzelne Schüler mit dem Komma identifizieren und sich an die richtige Stelle setzen:

- Die Schüler erhalten Schilder mit Satzteilen, die unterschiedlich zusammengefügt werden können, während ein Schüler das Komma spielt und sich »einfügen« muß.

Der Klang von einzelnen Lauten und Wörtern kann auch durch gemeinsames Singen und Sprechen bewußter gemacht werden. Wahrnehmungs- und Phantasieübungen können der besseren Einprägsamkeit dienen:

- »Ich bin ein ‚a'. Ich habe einen runden Bauch. . .«
- usw.

Punkt-, Frage- und Ausrufungszeichen können im Rahmen szenischer Inszenierungen eingesetzt werden:

- Im Rahmen eines dramatischen Dialogs treten an den entsprechenden Stellen Schüler mit einem gemalten Frage- bzw. Ausrufungszeichen auf.

4.2. Englisch

4.2.1. Aspekte eines gestaltpädagogischen Englischunterrichts

Der derzeitige Englischunterricht, wie er an den öffentlichen Schulen praktiziert wird, weist häufig einige gravierende Probleme auf, die fast jeder Kollege aus eigener Anschauung kennt: Während die Schüler in der Phase des Anfangsunterrichts noch einigermaßen motiviert dem

Unterricht folgen, treten vor allem in den weiterführenden Schulen sowohl bei leistungsstärkeren, aber in besonders gravierendem Ausmaß bei schwächeren Schülern, Motivationsprobleme auf, die bis zu totalem Desinteresse und Apathie reichen.

Der in Buchlektionen aufgeteilte Stoff wird allzuhäufig von entmutigten Lehrern formal »durchgezogen«, ohne mögliche Alternativen auszuprobieren.

Wir wollen hier nicht auf die vielfältigen Ursachen dieser Motivationsproblematik eingehen, sondern uns darauf beschränken, die gestaltpädagogische Perspektive zu skizzieren, die unseres Erachtens praktikable Hinweise für eine Veränderung der beschriebenen Misere liefern kann.

Die grundlegende Frage, die wir uns zu stellen haben, lautet:

Welches Interesse können unsere Schüler am Erlernen der Englischen Sprache haben?

Während die Beantwortung dieser Frage – bezogen auf die Motivation leistungsstärkerer Schüler – relativ einfach zu sein scheint (Orientierung an äußeren Karrierenormen, Leistungsmotivation, Spaß an der Sache usw.), stellt sich das Problem für den größeren Teil der Schülerschaft komplizierter dar.

Der feinzielgeplante, in Buchlektionen eingeteilte, an den Gesamtschulen sogar mit Normtests abgesicherte Unterricht wird den Bedürfnissen der Schüler nicht gerecht, weil er ihre Individualität und ihr Bedürfnis nach Integration von Denken, Fühlen und Handeln allzuhäufig einem verkürzten Leistungsbegriff opfern muß.

Lernzielvorgaben, sterile Textangebote, künstliche Motivationsphasen sollen die Lebendigkeit ersetzen, die so sichtbar fehlt. Mit zunehmendem Alter können Schüler, die aufgrund des Selektionscharakters der Schule auf die unteren Plätze verwiesen worden sind, in der Tat nicht mehr einsehen, warum sie Englisch lernen sollen.

Als *eine* Möglichkeit sieht Gestaltpädagogik die stärkere Berücksichtigung grundlegender Bedürfnisse der Schüler an, wie z.B. Spaß haben, Kontakt zu sich selbst und anderen entwickeln, Erfahrungen machen, Gefühle ausdrücken, Entspannungsübungen und Spiele gestalten u.ä.

Diese Bedürfnisse nach Entwicklung, Selbstausdruck und Kreativität können zugleich wichtige Bestandteile des Sprachlernprozesses werden. Sprache wird damit funktional als Mittel des Selbstausdrucks, der wechselseitigen Kommunikation und der Welterfahrung erlebt. Der Sprachlernprozeß selbst wird zu einem spannungsreichen Erlebnis, das

motivierende Wirkung für das Hier-und-Jetzt entwickelt und sich nicht allein von äußerlichen Fernzielen her legitimieren muß:
»Ich lerne Englisch, weil es mir Spaß macht und weil ich etwas über mich und meine Mitschüler erfahre und nicht nur deswegen, weil ich es vielleicht in zehn Jahren einmal gebrauchen kann.«

4.2.2. Unterrichtsbeispiel: »This is our house« (this/that; these/those; Wortfeld »house«)

Am Beispiel der Behandlung des Liedes »This is our house« (s.u.) von Ken WILSON sollen im folgenden exemplarisch Methoden der Gestaltpädagogik im Englischunterricht aufgezeigt werden. Das Beispiel bezieht sich auf die Klassenstufe 7/8, kann aber bei entsprechenden Reduzierungen oder Erweiterungen auch in anderen Stufen eingesetzt werden.

WILSON hat seine im Stil moderner Popmusik vertonten Songs so aufgebaut, daß sie jeweils ein grammatisches Problem in den Mittelpunkt stellen. In unserem Beispiel wird die Beschreibung eines Hauses aus der Sicht eines Kindes mit einer Einführung in die Verwendung von »this/that« und »these/those« verbunden. Diese Demonstrativpronomina können im Englischen unterschiedslos gebraucht werden mit der Ausnahme, daß »that« und »those« bei räumlich entfernteren Dingen und/oder einem Bezug auf die Vergangenheit eher benutzt werden. Wir beziehen uns hier aber nur auf den relativen Aspekt der jeweiligen Nähe.

Ziele des Unterrichts

Neben den als bekannt vorausgesetzten Lernzielen, die aus den Fachdidaktiken abgeleitet werden können, zielt die gestaltpädagogische Didaktik auf folgende Aspekte ab:

- Aufbau einer emotionalen Beziehung zum Unterrichtsinhalt;
- Kontakt mit eigenen Wünschen und Vorstellungen;
- Möglichkeit zu kreativem Selbstausdruck;
- Einbezug möglichst verschiedener Handlungsebenen und Berücksichtigung verschiedener Sinneskanäle (hören, sehen, singen, entspannen, fühlen, phantasieren, visualisieren, verbalisieren, kommunizieren).

This is our house

2. This is my room, this is my bed.
This is my lamp, it's white and red.
That's my table over there.
That's my satchel on the chair.

These are my comics on the floor.
Those are my posters on the door.
These are my pictures, here you are.
This is a plane and this is a car.

Chorus

Aus: New Songs for English. Ken Wilson. Cornelsen-Velhagen & Klasing GmbH & Co., Berlin 1979 Best. Nr. 3663

Der verstärkte Einbezug solcher Aspekte stellt unseres Erachtens eine zentrale Voraussetzung für die Erreichung der im engeren Sinne fachbezogenen Lernziele (Verwendung von this/that; these/those; Wortfeldtraining »house«; Erwerb grammatischer Strukturen; Lesetraining) dar.

Durchführung

1. STUNDE

1. Assoziationsübung: house
Schüler sitzen im Kreis und werfen sich gegenseitig einen Ball zu. Jeder, der den Ball erhält, assoziiert ein passendes Wort zu der Vorgabe »house«, z.B.:
house: chair, wall, window usw.
(Der Lehrer kann als Hilfe darauf hinweisen, daß man von der Benennung der Bestandteile des Klassenraums bzw. des Schulhauses ausgehen kann.)

2. What is this?
Lehrer projiziert mit Overhead-Projektor die Illustration zum Liedtext an die Wand. (Thermokopie von vergrößerter Normalkopie!)
Der Schüler, der den Ball erhalten hat, geht an den Projektor, zeigt auf ein Teil des Hauses und fragt einen Mitschüler, dem er den Ball zuwirft:
»What is this?«
Dieser antwortet:
«this is a. . .«
(Wenn kein Thermokopierer vorhanden ist, bekommt jeder Schüler eine normale Kopie und zeigt in der Kreisrunde auf die betreffende Stelle seines Blattes).

3. Vorspielen des Liedes
Das Lied wird mehrmals vorgespielt (CvK Best. Nr. 9181), wobei die Schüler mitlesen und mitsingen können.
(Es empfiehlt sich, den Schülern explizit zu erklären, daß man mit Liedern besonders gut und effektiv Englisch lernen kann, weil sie sich besonders einprägen und man über den Text auch gleich grammatische Strukturen speichert!)

4. Fragen zum Text
Im Rahmen der Texterarbeitung werden nun Fragen zum Text gestellt, die man je nach Schwerpunkt variieren kann:

»What can you do in this house?«
»You can read a book. . .«
Auch hier können sich die Schüler durch Zuwerfen des Balls gegenseitig aufrufen.

5. Singen des Liedes
Zum Abschluß sollte das Lied noch mehrmals gesungen werden, wobei man entsprechend der zur Verfügung stehenden Zeit variieren kann:

- Jungen/Mädchen allein
- einzelne Gruppen
- usw.

2. STUNDE

1. Gemeinsames Singen des Liedes
Das Lied wird zur Wiederholung gemeinsam gesungen.

2. Phantasiereise
Der Lehrer bittet die Schüler, sich entspannt hinzusetzen (eventuell wird eine kleine Entspannungsübung vorgeschaltet, z.B.: Ca. sieben Sekunden alle Körperteile anspannen, »so fest ihr könnt« und dann loslassen. Diese Übung mehrmals wiederholen).
Der Lehrer stellt eine meditative, entspannende Musik an (z.B. Kitaro: Silver cloud) und führt die Schüler mit folgenden Worten auf ihre Reise:

a) »Please close your eyes und listen to the music. Feel the music in your body and relax.
Now imagine: It is summer. The birds are singing. You are walking along a small road. You see beautiful trees and flowers. How do you feel?
Now you come to a house. Look at the house.
What can you see. This is your house.
Now you enter the house and look at all the rooms. What can you see?
Now you are back in the classroom and open your eyes. Try to draw your house.«
Pause
b) »When you are ready, write words or sentences which describe your house.«
Pause

c) »Now talk with your neighbour about your house.
You have five minutes time to describe it, then change.«
Pause
(Eventuell Strukturierungshilfe an der Tafel:
- My house is. . .
- This is. . .
- I like my house because. . .
- usw.)

d) Alle Häuser mit den darunterstehenden Worten und Sätzen werden im Klassenzimmer aufgehängt. Die Schüler gehen herum und betrachten die Häuser ihrer Mitschüler.

3. STUNDE

1. Beschreiben der Häuser
Einzelne Schüler beschreiben ihre Häuser aus der letzten Stunde, wobei die Mitschüler im Anschluß Fragen stellen können:

- »This is my house and. . .«
- »What is this?«

Der Schüler, der eine Frage gestellt hat, beschreibt dann sein Haus.

2. Singen des Liedes

3. This is my house/Veränderung des Textes
Der Lehrer macht darauf aufmerksam, daß der Text des Liedes »This is *our* house« lautet. Jeder Schüler soll versuchen, die erste Strophe des Liedes so umzutexten, daß es sein Haus beschreibt:
This is my house, the walls are *blue*. . .
Leistungsstärkere Schüler können auch die zweite Strophe schon umformen.

4. Austausch in Vierergruppen
Die Schüler stellen sich in Vierergruppen ihre veränderten Strophen gegenseitig vor und korrigieren gegebenenfalls Fehler.

5. Singen der veränderten Strophe
- Die Klasse singt gemeinsam ihren veränderten Text (gibt einen witzigen Effekt!).
- Einzelne Schüler, die dazu Lust haben, singen ihre Strophe vor.

Kommentar

Der vorliegende Unterrichtsvorschlag soll auch hier wieder als Anregung dienen und entsprechend den konkreten unterrichtlichen Bedingungen und den persönlichen Voraussetzungen des Lehrers in modifizierter Form zur Anwendung kommen. Keinesfalls geht es darum, diese Planung genauestens nachzuvollziehen. Gestaltpädagogischer Unterricht ist immer ein Unterricht, der, mehr oder minder spontan, situative Faktoren miteinbezieht. Das bedeutet, daß auf dem Hintergrund von Anregungen für jede Situation spezielle Arrangements entwickelt werden müssen.
Vor diesem Hintergrund einige kurze Erläuterungen.

Assoziationsübungen sind in besonderer Weise zur Vorbereitung von Texten geeignet, weil sie die Freude am spielerischen Element mit der Produktion und Reproduktion eigenen Materials verbinden. Die Schüler werden auf diese Weise auf das Thema eingestimmt.

Musik hat im Englischunterricht auf zweierlei Weise eine zentrale Bedeutung:
Einmal zur Unterstützung von körperlicher Entspannung, die helfen kann, Lernblockaden zu vermindern, zum anderen durch den natürlichen Spaß am Erlernen von Liedern, die erfahrungsgemäß besser gespeichert werden können. Auch hier gibt es wieder keine allgemeine Regel, welche Musik besonders geeignet ist. Wenn der Lehrer ein Beatles-Fan ist und diese Begeisterung an seine Schüler weitervermitteln kann, dann sollte er solche Songs im Unterricht behandeln. Andere werden Folk-Songs oder auch klassische Musik zur einstimmenden Entspannung einsetzen. Wichtig ist nur, daß man eine Brücke zwischen seinen persönlichen Vorlieben und den Wünschen der Schüler schlagen kann. Hier gilt, daß der Lehrer immer auch ein »Stimmungsmacher« ist. Die Bedeutung von Songs im Englischunterricht wird nach unserer Erfahrung unterschätzt. Sie bieten eine lustvolle Möglichkeit der Speicherung und effektivieren das Ausspracheträining. Denn wann sprechen schon dreißig Schüler gleichzeitig denselben Text im Unterricht! Wenn man selber keinen Zugang zum Singen hat, oder sich davor scheut, sollte man Cassetten bzw. Schallplatten verwenden. Wenn man die eigene Schwierigkeit offen anspricht, kann das für viele Schüler eine wichtige Unterstützung bedeuten.

Der Einsatz von Musik muß den Schülern in seiner Bedeutung erläutert werden, da sie ihn sonst, wie viele Kollegen übrigens auch, als nicht zum Englischunterricht gehörig empfinden.

Bei uns konnten Schüler der neunten Klassen bereits ein größeres Repertoire englischer Songs weitgehend auswendig und steigerten auf diese Weise ihr sprachliches Niveau deutlich.

Kreisspiele sind in jeder Situation einfach durchzuführen und erhöhen die Kommunikationsdichte in der Klasse. Die emotionalen Beziehungen der Schüler untereinander können dabei stärker ausgedrückt werden, sodaß das Interesse insgesamt steigt.

Die *Phantasiereise* stellt eine wichtige Möglichkeit dar, den Unterrichtsstoff mit inneren Bildern und eigenen Bedeutungen aufzufüllen. Einige Schüler äußerten nach einer solchen Übung, daß sie zum ersten Mal Englisch gedacht hätten. Phantasiereisen, zumal im Englischunterricht, müssen systematisch vorbereitet werden und den Schülern in ihrem Sinn verdeutlicht werden (vgl. 3.2.). Die musikalische Begleitung durch meditative Musik hat eine entspannende und phantasieanregende Wirkung.

Das *Malen* der Eindrücke der Phantasiereise stellt einen wichtigen Zwischenschritt dar: Die Schüler können ihre Erfahrungen ohne hinderliche Sprachbarrieren darstellen und produzieren gleichzeitig in kreativer Weise selbstgestaltetes Unterrichtsmaterial, das den Ausgangspunkt für eine vertiefte sprachliche Bearbeitung bildet.

Das *intuitive Verbalisieren* im Anschluß an das Malen unterstützt die Aktivierung des passiven Wortschatzes der Schüler. Es gibt amerikanische Untersuchungen, die belegen, daß Schüler nach dem Durchführen einer solchen Phantasiereise und dem Malen erheblich mehr Begriffe entwickeln konnten, als das bei einer formalen Wortschatzübung der Fall ist. Außerdem prägen sich diese Begriffe aufgrund des größeren persönlichen Bezugs intensiver ein.

Die selbstproduzierten Materialien bilden einen *echten Kommunikationsanlaß*. Dem daraus resultierenden Bedürfnis der Schüler nach Austausch trägt man in größeren Klassen am besten dadurch Rechnung, daß man aktives Zuhören in Form von Partnerarbeit (jeder Schüler hört der Darstellung seines Partners zwei oder mehrere Minuten intensiv zu, danach Wechsel und erst dann Austausch) als grundlegende Arbeitsform einübt oder den Austausch in Kleingruppen organisiert.

Entspannungsübungen widmen der körperlichen Dimension des Lernens eine stärkere Aufmerksamkeit. Sie gehören nicht nur an den Anfang von Phantasiereisen, sondern sollten öfter Bestandteil des Unterrichts sein, um Blockaden zu vermeiden und die Konzentrationsfähigkeit zu erhöhen.

Je nach Schwerpunkt der Lernziele können auch von Zeit zu Zeit normale Übungsphasen eingeschoben werden, in denen spezielle grammatische Schwerpunkte, die hier nur intuitiv erfaßt wurden, noch einmal explizit thematisiert werden.

Variationsmöglichkeiten

Wenn man die Phantasiereise weglassen möchte und einen größeren Schwerpunkt auf die Förderung der Fähigkeit in Arbeitsgruppen zusammenzuarbeiten legen möchte, dann bietet sich folgende Variation an:

Die Schüler sollen Vierergruppen bilden. Sie erhalten die Aufforderung, zur Musik ein gemeinsames Haus zu malen. Jede Gruppe erhält genügend Wachsmalstifte und ein großes Zeichenblatt (DIN A 2).

Je nach Klassenstufe und Lernziel kann in der Auswertung ein Schwerpunkt auf die Vorstellung des Bildes oder die Besprechung des Gruppenprozesses gelegt werden:

- »Who started to paint?«
- »How did you work together?«
- »How did you feel while drawing with the group?«
- usw.

- Im Anschluß an die Fertigstellung des Gruppenbildes erhalten die Schüler die Aufgabe ihr Haus zu verkaufen. Sie sollen es in einem kleinen Text als besonders schönes und preisgünstiges Haus anpreisen.
  Bei leistungsschwächeren Schülern werden entsprechende Strukturierungshilfen gegeben:

- Our house is the best, because. . .
- It has beautiful. . .
- ggf. entsprechende Wortlisten erarbeiten.

- Eine weitere Möglichkeit, die Erfahrungen der Schüler mit dem Thema Haus in den Unterricht miteinzubeziehen, besteht in der Gestaltung einer Phantasieübung, in der sich die Schüler vorstellen sollen, was sie zu verschiedenen Tageszeiten an Geräuschen in ihrem Haus hören:

– »What do you hear at 7 a.m.?«
– »What do you hear at 5 p.m.?«
– usw.

– Jeder Schüler soll ein Foto seines Hauses mitbringen. In Einzelarbeit werden zunächst die Bezeichnungen für die Besonderheiten des eigenen Hauses erarbeitet und in Partnerarbeit kontrolliert.
  In einem nächsten Schritt stellt jeweils ein Schüler das Haus seines Partners vor:

– »It is a small house. It has. . .«

Dann Wechsel. Zum Abschluß wird auf Packpapier eine Wandzeitung mit den verschiedenen Häusern hergestellt.

4.2.3 Weitere Unterrichtsbeispiele bzw. Anregungen anhand von Prinzipien und Methoden gestaltpädagogischen Englischunterrichts

Gestaltpädagogischer Englischunterricht zielt auf die Entwicklung eines integrativen Unterrichtsstils ab, der aus einer Weiterentwicklung der Person des Lehrers *und* seiner Unterrichtsmethoden besteht. Integrativer Unterricht bedeutet den Versuch unternehmen, die Bedürfnisse der Schüler auf den Ebenen Denken/Fühlen/Handeln in Form von Kontakt und Begegnung zu berücksichtigen.

Spiele und Übungen bieten *einen* Zugang zur Annäherung an dieses Ziel, wenn sie situationsgemäß eingesetzt werden und nicht als Motivationstricks mißbraucht werden.

In Amerika gibt es schon einige Zeit Erfahrungen mit einem gestaltorientierten Sprachunterricht, die zu einer Ausformulierung von zentralen Prinzipien geführt haben. Wir orientieren uns in unserer folgenden Übersicht über weitere Unterrichtsmöglichkeiten an GALYEANS Darstellung[1)] dieser Prinzipien, die wir aufgrund unserer eigenen Erfahrungen und Erkenntnisse modifizieren.
Demnach halten wir folgende Punkte für sehr wichtig:

---

1) B. GALYEAN 1976, S. 16ff.

1. Verbindung der Lerninhalte mit persönlichen Bedeutungen
Die Lerninhalte sollen mit persönlichen Bedeutungen verbunden werden (affektive Ladungen). Wenn z.B. das Verb »sollen« geübt wird, könnten sich die Schüler darüber bewußt werden, welche »Solls« es in ihrem Leben gibt und diese mit ihren Wünschen vergleichen.
Es bieten sich Übungen folgenden Musters an:

- »At home I have to. . .«
- »In school I have to. . .«
- »At home I like to. . .«
- »In school I like to. . .«

Die Schüler vervollständigen hier nicht nur die Sätze und erlernen bestimmte grammatische Formen, sondern beschäftigen sich gleichzeitig mit Aspekten der Selbstfindung und der Klärung eigener Wünsche.

2. Direkte Kommunikation
Gemäß dem Prinzip der kommunikativen Motivierung ist die Herstellung direkter Kommunikationsanlässe zwischen den Schülern ein wichtiges Anliegen der Gestaltpädagogik. GALYEAN nennt folgendes Beispiel:

»The students are working with the verb ‚to be' and the adjectives ‚happy', ‚sad', ‚tense' and ‚joyful'. They are working in pairs (dyads).

S1: »When are you happy?«
S2: »I am happy when I am with my friends.«
S1: »When are you sad?«
S2: »I am sad when I see sad films.«

Diese Übung unterscheidet sich von äußerlich scheinbar ähnlichen Vorgehensweisen des Englischunterrichts dadurch, daß sie entsprechend der Situation in der Klasse das Hier-und-Jetzt der Empfindungen der Schüler thematisiert und auch einen Beitrag zur Selbstklärung leistet.

Direkte Kommunikation kann aber auch den Einsatz von *Kreisspielen* bedeuten, in denen die Schüler durch Zuwerfen eines Balles Kontakt miteinander aufnehmen und sich gegenseitig Fragen stellen:

S1: »What did you do yesterday?«
S2: »I went to the cinema.«

Es gilt also Möglichkeiten echter Kommunikation im Klassenraum zu nutzen.

3. Einbeziehung nonverbaler Kommunikation
Im Unterricht können verschiedene Wahrnehmungsübungen[1] zur Körperwahrnehmung durchgeführt werden. Die Selbstwahrnehmung dient der Ausbildung einer stärkeren »Selbstbewußtheit« und bildet gleichzeitig einen motivierenden Sprechanlaß:

- »When I am tired I feel my eyes.«
- »When I am hungry I feel my stomache.«
- »Now I feel good, because I solved the problem.«

Häufig werden Fragen zum Gegenstand der Betrachtung gemacht, die das Klassenklima oder besondere Ereignisse thematisieren:

- »How do you feel at the moment?«
- »How do you feel when a teacher suddenly asks you a question?«
- »How do you feel when you wait for a test?«

Nonverbale Kommunikation kann aber auch in Form von pantomimischen Sketchen eingesetzt werden, in denen einzelne Schüler Szenen vorspielen und die übrigen die Szene erraten.

Eigenaktivität, Selbstexploration, persönlicher Bezug sind hier Elemente, die den Sprachunterricht beleben.

4. Aufbau positiver und hilfreicher Beziehungen
Die Schüler sollen durch Übungen dazu angehalten werden, den Umgang miteinander bewußter zu thematisieren und lernen, sich gegenseitig positives Feed-back zu geben.
Beim Üben von Adjektiven kann zum Beispiel ein Schüler nach vorn kommen und Adjektive positiven Inhalts, die seine Mitschüler über ihn aussagen, an die Tafel schreiben:
- handsome, amusing, friendly.

Wenn drei Adjektive genannt sind, kommt ein anderer Schüler, der dazu Lust hat, nach vorn. Auf diese Weise wird sowohl der Beziehungs- wie auch der Fachinhaltsaspekt positiv berücksichtigt.

5. Ausgehen vom Hier-und-Jetzt des Klassenraums
Die Hier-und-Jetzt Situation des Klassenraums, in der sich das Beziehungsgefüge von Ich-Wir-Es und Globe ausdrückt, wird von vielen Lehrern als wichtige Quelle des Lernens übersehen. Zu übermächtig ist häufig die Orientierung an Lehrplänen, vorgefertigten

---

1 Anregungen bei STEVENS, 1980

Lehrbüchern und Kursmaterialien. Wenn überhaupt, dann wird das Hier-und-Jetzt unter negativen Vorzeichen angesprochen: dann nämlich, wenn Schüler »stören« und ein Eingehen auf sie notwendig ist.

Gestaltpädagogik lenkt demgegenüber das Augenmerk auf die Thematisierung des *Offensichtlichen* der Hier-und-Jetzt Situation. So können die Stimmung in der Klasse, die Beziehungen der Schüler untereinander, ihre Umgangsformen miteinander, ihr Interesse bzw. Desinteresse u.ä. Ausgangspunkt für Spiele und Übungen sein, die gleichzeitig einen fachlichen Inhalt vermitteln.

- Die Schüler erhalten eine Liste mit Wörtern, die Stimmungen beschreiben und versuchen, ihre Stimmung in der Klasse zu beschreiben.
- Daran schließt sich eine Brainstorming-Übung an, bei der in der Kreisrunde assoziiert wird:
  »I like to...«

Weitere Themenbereiche sind z.B. die Besprechung des Zustandes des Klassenraums, der Benennung seiner Gegenstände, das Zeichnen eines optimalen Klassenraums (eventuell Phantasiereise vorher) und die Benennung weiterer Gegenstände, die noch fehlen. Man kann sich auch einen Klassenraum vorstellen, der überhaupt nichts mehr mit dem jetzigen zu tun hat und darüber feststellen, was in der Schule ausgeschlossen wird.

Die Wünsche und Phantasien der Schüler können zunächst gemalt werden, um dann die entsprechenden Wörter zu erarbeiten.

6. Verwendung gelenkter Phantasiereisen

Phantasiereisen (vgl. 3.2.) werden zur Förderung von Phantasie und Kreativität, sowie zum Abbau von Verspannungen und Blockaden eingesetzt. Sie bieten einen Zugang zur »inneren Welt« der Schüler.

Die Schüler werden bei einer Phantasiereise aufgefordert, ihre Augen zu schließen (Teilnahme freiwillig!) und der Lehrer oder auch ein Schüler erzählt ihnen eine Geschichte mit einem offenen Ende, das sich die Schüler in ihrer Phantasie ausmalen können. Hinterher werden diese Geschichten untereinander ausgetauscht und bilden den Ausgangspunkt für weitere Verarbeitungen, etwa im Malen, Schreiben von kreativen, freien Texten oder schlicht in der Wortschatzarbeit.

7. Experimentieren mit Entscheidungen

Die Auseinandersetzung mit Entscheidungsproblemen stellt einen echten kommunikativen Anlaß dar, der im Englischunterricht aufgegriffen werden kann. Bei der Übung des Konjunktivs könnten Schüler Sätze folgenden Musters bilden und besprechen:

– »This evening I could. . .«
– »In my school I could. . .«
– »In my holidays I could. . .«

Als authentische Anlässe bieten sich Konfliktsituationen an, die sich im schulischen Alltag ergeben.

Auch hier gilt, daß solche Situationen nur schwer planbar sind und man sie möglichst spontan aufgreifen sollte, so daß das Leben selbst zum Feld des Lernens wird.

Für eigene Entscheidungen sollten auch die Konsequenzen übernommen werden. Insofern bildet die Reflexion der Folgen von Entscheidungen einen weiteren Ansatzpunkt:

– »If I want to play football this afternoon, I will have to. . .«

Gestaltpädagogik legt weiterhin einen Wert darauf, die Verantwortung für eigene Aussagen zu verdeutlichen, indem Schüler und Lehrer – statt mit einem unpersönlichen »man« – mit »ich« sprechen sollen.

8. Verwendung von Identifikationsübungen

Eine häufig angewandte Methode gestaltpädagogischen Englischunterrichts besteht in der Verwendung von Identifikationsübungen. Die Schüler identifizieren sich mit einem Gegenstand, den sie sich vorher ausgesucht haben:

– »I am a thick book. I have a lot of pages.«
– »I know a lot about English. I am a bit old. . .«

Die Identifikation erhöht das emotionale Beteiligtsein und stellt immer auch einen Beitrag zu einer Selbstexploration dar. Mit Hilfe von Identifikationsübungen können Schüler ihr sprachliches Niveau deutlich steigern, weil sie mehr oder minder unbewußt einen stärkeren persönlichen Bezug realisieren. Der gesuchte Gegenstand kann zunächst wieder gemalt und dann betextet werden. Auf diese Weise können kleine Geschichten entstehen:

– The life of a book. . .

Bei älteren Schülern ist die Identifikation mit handelnden Personen einer Geschichte möglich. Sie erzählen die Geschichte dann in der 1. Person Singular und können sie durch persönliche Ausschmückungen und Zufügungen verändern.

9. Aktives Zuhören

Die von ROGERS entwickelte Methode des aktiven Zuhörens kann im Englischunterricht auf vielfältige Weise eingesetzt werden. Unter aktivem Zuhören versteht man ein dialogisches Gespräch, in dem ein Partner dem anderen einen bestimmten Zeitraum zuhört und dann in seinen eigenen Worten wiedergibt, was er verstanden hat. Auf diese Weise entsteht ein besonders intensives Gespräch:

S1: »Today I don't feel good.«
S2: »You are not content with yourself.«
S1: »Yes, and I don't know the reason.«
S2: »You think there must be a reason. . .«

Das aktive Zuhören dient dem Training der Fähigkeit des genauen Zuhörens und hilft dem Partner bei der Entwicklung von Selbsterkenntnis.
Andere Möglichkeiten bestehen in der Gestaltung einer Diskussion:

- Ein Schüler hält einen zweiminütigen Vortrag zu einem kontroversen Thema.
  Der nächste Schüler, der dagegen argumentieren will, muß zunächst den Beitrag seines Vorredners inhaltlich richtig wiedergeben.

10. Verwendung von Spielen und Übungen

Spiele und Übungen sind, wenn sie dosiert und situationsangemessen eingesetzt werden, eine sehr effektive Möglichkeit zur Initiierung motivierender Lernprozesse.
Insbesondere Kreisspiele sind im Englischunterricht einfach einsetzbar: Die Schüler sitzen im Kreis und werfen sich einen Ball zu, wobei sie je nach Situation verschiedene Aufgaben lösen müssen:

– Kennenlernen:	»I've got a ball from. . ., and my name is. . .«
– Stimmung:	»Mike feels happy and I feel. . .«
– Wünsche:	»I like. . .«
– usw.	

Eine andere Möglichkeit besteht in Assoziationsübungen zur Wortschatzarbeit oder Textvorbereitung. Ein Begriff wird vorgegeben, und wer den Ball erhält, muß eine entsprechende Assoziation herausfinden:

– holidays:	happiness, summer. . .
– school:	hard work, friends. . .

– town: cars, people. . .
– usw.

Man kann den Kreis auch in zwei Gruppen teilen, die um die Wette spielen. Ein Wort wird genannt und mit dem letzten (ersten, zweiten, dritten usw.) Buchstaben dieses Wortes muß der nächste, der den Ball erhält, ein neues Wort bilden:

– footbal*l* – *l*ove; *l*ov*e* – *e*nd; darknes*s* – *s*ilk
– f*o*otball – *o*pen; p*e*ncil – *e*ngine; n*i*ght – *i*nk
– usw.

Andere Möglichkeiten ergeben sich, wenn man Reime bilden läßt:

– *o*ne *o*nion; *o*ne *o*ld *o*nion
– *t*wo *t*igers; *t*wo *t*iny *t*igers
– usw.

Ein zusätzliches Element der Belebung ergibt sich, wenn man die Aufgaben mit dem Wechseln des Platzes verbindet:

– Alle Gruppenmitglieder erhalten eine Nummer und setzen sich dann durcheinander hin. Ein Schüler geht in die Mitte des Kreises und nennt zwei Zahlen. Die beiden Schüler mit den Zahlen müssen den Platz wechseln, wobei der Schüler in der Mitte versucht, einen Platz zu ergattern.

Grundlegende Prinzipien solcher Vorgehensweisen sind:

– Aufgreifen der Bedürfnisse im Hier-und-Jetzt,
– Einsatz spielerischer Elemente,
– möglichst vielfältige Berücksichtigung der Ebenen Denken/Fühlen/Handeln,
– Berücksichtigung fachlicher Ziele des Unterrichts.

11. *Verwendung von Kunst, Musik, Rollenspiel und Literatur zur Förderung von Selbstausdruck*

Es geht darum, den Unterricht zu einer Stätte produktiver Kreativität zu machen und vorgefertigte Unterrichtsmaterialien zugunsten lebendiger Eigentätigkeit stärker in den Hintergrund zu drängen. Als ein Beispiel führt GALYEAN die Behandlung der Textstelle eines Songs an:

»You are so beautiful to me«.

Ausgehend von dieser Zeile werden die Schüler aufgefordert, Sätze über Personen zu schreiben, die sie als »beautiful« empfinden bzw. von denen sie selbst als »beautiful« empfunden werden (möchten).

Auch hier ist der persönliche Bezug ein wesentliches Element der affektiven Aufladung des Lernprozesses. Unser Unterrichtsbeispiel zeigt exemplarisch, wie Musik und Kunst zur Förderung des Selbstausdrucks im Englischunterricht benutzt werden können. Sie unterstützen den Lernprozeß der Schüler, indem sie den häufig monotonen Erfahrungsraum der Klassensituation erweitern.

12. Förderung einer lernanregenden Klassenatmosphäre

Alle hier geschilderten Methoden und Prinzipien zielen auf die Schaffung einer vertrauensvollen, lernfördernden Umwelt ab. Die Atmosphäre in der Klasse läßt sich auf diese Weise vielfältig beeinflussen:

- Gezielt eingesetzte Musik kann entspannende, lernfördernde Wirkungen haben.
- Die Ausschmückung der Klasse mit Bildern und Texten, die von Phantasieübungen herrühren, macht aus dem anonymen Klassenraum einen persönlichen Ort.
- Das Fördern partnerschaftlicher, dialogischer Umgangsweisen schafft veränderte Klassenatmosphäre.
- Die Veränderung der Sitzordnung kann die Starre, die oft von Klassenräumen ausgeht, lockern. So können Schüler während Phantasiereisen auch auf dem Boden liegen. Man kann Stimmung entscheidend durch wechselnde Lichtverhältnisse beeinflussen (im Dämmerlicht konnten Schüler sehr viel konzentrierter Phantasiereisen durchführen.).
- Langfristig sollten Klassenräume entsprechend den Vorstellungen des offenen Unterrichts zu einer lernanregenden Umwelt umgestaltet werden.

13. Berücksichtigung möglichst vielfältiger Sinnesebenen

Phantasieübungen, Rollenspiele, Malen von inneren Bildern und ähnliches dienen der Berücksichtigung möglichst vielfältiger Sinnesebenen und Arten der Verarbeitung von Lerninhalten. Wir gehen davon aus, daß ein Unterricht, der sich bemüht, den Lernstoff auf möglichst vielfältige Weise den verschiedenen Sinnesorganen erfahrbar zu machen, am ehesten der Vielfalt der individuellen Dispositionen der Schüler gerecht wird.

Die langfristigen Erfolge eines solchen Unterrichts, der sich von den engen Grenzen monotoner Buchlektionen befreit, ergibt die Berechtigung dafür, im Unterricht mehr Zeit für kreative Arbeiten und Prozesse zuzulassen, die auf den ersten Blick wenig mit einem gezielten Englischunterricht zu tun haben. Von daher wird ein Begriff wie »house« am ehesten mit dem entsprechenden Wortfeld verarbeitet werden können, wenn persönliche Erfahrungen und Wünsche (mein Haus, mein Traumhaus usw.) auf möglichst vielfältige Weise sinnlich erlebbar (Geräusche im Haus, Gerüche, Atmosphäre, Personen und meine Beziehung zu ihnen usw.), ausdrückbar (Malen von Bildern, Darstellen in Rollenspielen, kleine Gedichte, Sätze, Texte usw.) und austauschbar werden (Partnerdialoge, Gruppengespräche usw.).

14. Selbständige Produktion von Unterrichtsmaterialien

Ein Wesensmerkmal unserer Vorgehensweisen besteht darin, die Schüler in der selbsttätigen Produktion von Unterrichtsmaterial zu fördern und das vorgefertigte Material zurückzudrängen. Persönliche Beteiligung wird am besten erreicht, wenn Schüler selbst für sie bedeutsames Material in Form von Bildern, Rollenspielen, eigenen Texten usw. erarbeiten.

15. Einbeziehung der Lebensbedingungen in den Schulalltag

Ausgehend von der Bearbeitung persönlicher Erfahrungen zu einem Unterrichtsgegenstand (»my house«, »my street« usw.) wird versucht, über den Vergleich des Materials, das die verschiedenen Schüler produziert haben, einen Bezug zur sozialen Umgebung herzustellen (die Schüler sprachen über ihre Lebensbedingungen, z.B. Wohnverhältnisse, ihre Straße usw.).

Indem sich die Schüler mit ihrer Lebensumwelt auseinandersetzen, lernen sie nicht nur Englisch, sondern erfahren gleichzeitig ein Stück gesellschaftliche Wirklichkeit.

Von daher sollte die exemplarische Methode, in der – ausgehend von einem Gegenstand – möglichst vielfältige Aspekte thematisiert werden, soweit wie möglich im Englischunterricht praktiziert werden.

Auf diese Weise dient der Sprachlernprozeß zugleich der Findung einer Orientierung in der gesellschaftlichen Wirklichkeit und kann so seinen formalen, beziehungslosen Chrakter verlieren.

16. Einbeziehung der individuellen Lebensgeschichte in den Unterricht

Da die individuelle Lebensgeschichte von zentraler Bedeutung für das Leben und Erleben des Schülers ist, sollte sie, soweit es sich anbietet, in den Unterricht miteinbezogen werden.

Dies kann in Form von Gesprächsrunden geschehen, in denen Schüler wichtige Ereignisse aus ihrem Leben, die sie im Hier-und-Jetzt beschäftigen in den Unterricht einbringen:

- How do you feel today?
- What happened this week?
- usw.

Man kann aber auch weiter zurückliegende Ereignisse thematisieren:

- My favourite day in the last month.
- A good event last year.
- usw.

4.3. Musik

4.3.1. Aspekte eines gestaltpädagogischen Musikunterrichts

Der Musikunterricht stellt sich an vielen Schulen als ein ausgesprochenes Problemfeld dar und dies aus vielerlei Gründen.

Zum einen besitzt er im Bewußtsein der Mehrzahl von Lehrern und Schülern einen geringen Stellenwert im Kanon der Leistungsfächer, was sich in einer geringen Stundenzahl und der Eingruppierung als Nebenfach niederschlägt. Zum anderen stellen die äußeren Bedingungen, wie unzureichend ausgerüstete Musikräume und zu große Gruppen, eine schwere Hypothek dar.

Den nicht zuletzt auch aus den veränderten Musikkonsumgewohnheiten der Schüler resultierenden »Disziplinschwierigkeiten« versuchen viele Kollegen mit verstärktem Leistungsdruck und sterilem Arbeitsbogenunterricht zu begegnen. Ein Lösungsweg, der – im Zusammenhang mit einer übertriebenen Orientierung an fachlichen Vorgaben – die Misere nur kurzfristig überspielt. Vielen Schülern wird auf diese Weise der Zugang zum breiten Spektrum der Musik und die Freude am eigenen Musizieren bzw. Umgehen mit Musik vergällt.

Aus gestaltpädagogischer Perspektive können wir feststellen, daß ein zentraler Aspekt der beschriebenen Misere die mangelnde Berücksichtigung der Bedürfnisse der Schüler ist. Von daher akzentuiert gestaltpädagogischer Musikunterricht den Kontakt der Schüler zur Musik.

Die herkömmlichen Ziele der Fachdidaktik werden also ergänzt und ggf. modifiziert, indem der Stand der Musikkultur von Schüler und Lehrer, das Erforschen des eigenen Umganges mit Musik, das Erfahren von Musik als Mittel des Selbstausdrucks, der Selbsterfahrung und Entspannung und ähnliches stärker zum Ausgangspunkt der Betrachtungen genommen wird.

Indem die persönliche und soziale Bedeutsamkeit der Musik stärker berücksichtigt wird, hofft Gestaltpädagogik, der Motivationszerstörung durch formalisierte Unterrichtsabläufe entgegenwirken zu können. Der Fragmentierung der musikalischen Erfahrungen soll durch die Vermittlung persönlicher und sozialer Bezüge begegnet werden.

4.3.2. Unterrichtsbeispiel: Mein Umgang mit Musik im Alltag

Das folgende Unterrichtsbeispiel soll Methoden der Gestaltpädagogik im Bereich der Musikerziehung exemplarisch verdeutlichen.

Wir haben das wichtige und doch oft zu wenig berücksichtigte Thema des eigenen Umgangs mit Musik im Alltag (bezogen auf Schüler *und* Lehrer) herausgegriffen, weil es in besonderer Weise geeignet ist, aufzuzeigen, wie Kontakt und Begegnung auf den Ebenen Ich (Schüler), Wir (Klasse), Es (Fachunterricht Musik) und Globe (gesellschaftliche Einflüsse) verwirklicht werden können, wobei die integrative Berücksichtigung von Denken, Fühlen und Handeln ein leitendes Motiv darstellt.

Ziele des Unterrichts

Neben den als bekannt vorausgesetzten Lernzielen, die aus traditionellen Fachdidaktiken abgeleitet werden können, zielt die gestaltpädagogische Didaktik im Rahmen dieses Unterrichtsbeispiels auf folgende Aspekte ab:

- Bewußtheit über den eigenen Umgang mit Musik.
- Bewußtheit über die Wirkungen der Musik und ggf. dahinterliegende Wünsche.
- Erkennen von eigenen Verhaltensmustern im Umgang mit Musik.
- Erweiterung des eigenen Entscheidungsspielraums bezogen auf den bewußten Einsatz von Musik.

- Erkennen der persönlichen und sozialen Bedeutsamkeit von Musik, sowie Fähigkeit zur Akzeptanz unterschiedlicher Bedürfnisse und damit auch verschiedener Musikstile.
- Bewußtwerdung der Beeinflussung durch Musik.

Durchführung

1. STUNDE: MUSIK IM TAGESABLAUF

1. Lehrer stellt das Thema vor und kündigt an, daß verschiedene, für die Schüler vielleicht ungewohnte Übungen verwendet werden, daß sie eine spannende und effektive Bearbeitung des Themas versprechen.

2. Panorama des Tagesablaufs

a) Einstimmung/Entspannung

Der Lehrer oder ein Schüler schlägt einen bestimmten Rhythmus mit den flachen Händen auf die Tischplatte, wobei Lautstärke und Tempo an- und abschwellen. Die Klasse folgt den Vorgaben. Gegen Ende werden alle leiser und langsamer, bis völlige Ruhe herrscht (ca. 4 Min.).

Der Lehrer macht dann eine Entspannungsübung folgenden Musters (vgl. 3.2.):

»Setzt euch bequem hin. Für die folgende Übung ist es günstig, wenn ihr die Augen schließt. Spüre deinen Atem. Laß ihn frei fließen und lockere verspannte Körperteile.« (ca. 3 Min.).

b) Musik im Tagesablauf

»Stelle dir jetzt bitte in einem Tagesablauf Situationen vor, in denen Musik vorkommt. Was sind das für Situationen? (Pausen berücksichtigen!) Gehe sie einzeln durch und schau sie dir genau an.«

(Je nach Klassensituation als Hilfestellung verschiedene Tageszeiten ansprechen).

»Suche dir jetzt aus diesen verschiedenen Situationen, die für dich wichtigste heraus. Wo hörst du die Musik? Bist du allein oder mit anderen zusammen? Welche Musik hörst du? Wie geht es dir dabei?

Stell dir jetzt diese Situationen ohne Musik vor. Was verändert sich? Wie geht es dir jetzt?

Verabschiede dich jetzt langsam von dieser Situation, öffne die Augen und kehre in die Gruppe zurück.« (Ca. 10 Min.).

c) Visualisierung der Erfahrungen

»Teile dein Blatt (DIN A 3) in zwei Hälften und male links die

Situation ohne Musik, rechts die Situation mit Musik. Es kommt nicht darauf an, daß du gut zeichnest. Du kannst auch eine Skizze machen (ca. 10–15 Min.) und u.U. etwas dazuschreiben.«

3. Erfahrungsaustausch
»Bildet Vierergruppen. Stellt euch eure Bilder gegenseitig vor und tauscht eure Erfahrungen mit dieser Übung aus; teilt euch eure jeweiligen Gefühle mit.«

2. STUNDE: ZUR WIRKUNG UND FUNKTION VON MUSIK

1. Austausch über Bilder
Die Bilder der 1. Stunde werden in der Klasse aufgehängt.
»Schaut euch die Bilder an.« (Zur Einstimmung und zur Anknüpfung an die vorige Stunde.).

2. Spielen der Situation
»Wer von euch hat Lust sein Bild zu spielen? Zuerst die Situation mit Musik und dann die Situation ohne Musik.«
Die Schüler spielen ihre Szenen allein oder in Gruppen.
»Achtet darauf, was sich an der Situation verändert.«

3. Vertiefung
Zwei Stühle werden in die Mitte gestellt. Die Schüler sitzen möglichst in einer Kreisrunde. Ein Stuhl symbolisiert die Situation ohne Musik, der andere die Situation mit Musik.

Jeweils ein Schüler nimmt auf einem der Stühle Platz und argumentiert:
– »Mit Musik kommt mehr Spaß auf.«
Der andere:
– »Ohne Musik hat man mal seine Ruhe.«
– usw.

4. Aufgabe für die nächste Stunde
Jeder Schüler soll ein Musikstück mitbringen, das zu seiner gemalten Situation paßt.

3. STUNDE: WELCHE MUSIK ZU WELCHER ZEIT: WIE UNS MUSIK BEEINFLUSST

1. Gruppenarbeit
a) Der Lehrer malt folgendes Tafelbild an und gibt ein Lösungsbeispiel:

Tageszeit	Situation	Musik	Funktion/Wirkung
7.00	Frühstück	Bill Haley »Rock around the clock«	aufmunternd, Wachmacher
20.00	Allein im Zimmer	Rod Stewart »Sailing«	Anregung zum Träumen, entspannend
usw.			

b) Die Schüler erarbeiten in Vierergruppen anhand ihrer Notizen von der 1. Stunde eine entsprechende Tabelle.

2. *Ergebnisauswertung*
Die Ergebnisse werden stichwortartig in einem Tafelbild zusammengefaßt, wobei festgestellt wird, daß es offenbar sehr große individuelle Unterschiede gibt.

3. *Situationen raten*
Einzelne Schüler spielen ihre mitgebrachte Musik vor, wobei die anderen die Situation erraten müssen, also z.B.:

– Brandenburgisches Konzert: Sonntagsfrühstück
– usw.

Wer es richtig geraten hat, stellt sein Stück vor.

4. STUNDE: MUSIK FÜR VERSCHIEDENE GELEGENHEITEN

1. *Einführung/Lehrervortrag*
»In der letzten Stunde haben wir uns darüber unterhalten, wie wir Musik in unserem Alltag einsetzen und welche Wirkung sie auf uns hat. Wir haben uns dabei auf die Musikarten beschränkt, die ihr kennt und häufig hört. Es gibt aber ein sehr viel weiteres Spektrum von Musik. Heute möchte ich euch solche Beispiele vorstellen, in denen Musik zu einem ganz bestimmten Zweck komponiert und auch mit Text versehen worden ist.«

2. *Quiz*
Der Lehrer schreibt folgende Begriffe an die Tafel und spielt dazu die entsprechende Musik. Die Schüler sollen in Stichworten die beabsichtigte Wirkung auf ihrer Tabelle skizzieren (jeder Schüler erhält ein entsprechendes Blatt):

– Meditative Musik	Entspannung
– Arbeiterlied	Agitation/Aufklärung
– Popsong	Unterhaltung
– Werbemusik	Verkaufsförderung, Beeinflussung
– Oper	Unterhaltung und Erbauung
– usw.	

3. *Auflösung*
Im Klassengespräch werden die »richtigen« Lösungen erarbeitet und in das Tafelbild eingetragen.

4. *Brainstorming*
Ein Schüler erhält einen Ball und nennt weitere Musiktypen, die er kennt und die bestimmten Zwecken dienen könnten. Dann wirft er den Ball zu einem anderen Schüler (Die Schüler können auch bekannte Titel den Kategorien zuordnen).

Kommentar

Der vorhergehende Vorschlag dient als Anregung, die der Musiklehrer entsprechend seinen persönlichen Voraussetzungen und den Bedingungen der konkreten Klassensituation modifizieren muß. Er dient lediglich dazu, gestaltpädagogisches Vorgehen zu konkretisieren. Was ist an dieser Unterrichtssequenz gestaltpädagogisch?

Kennzeichnend für ein gestaltpädagogisches Vorgehen ist zunächst der Versuch, am Hier-und-Jetzt der Schüler anzusetzen, indem, vermittelt über eine *Entspannungsübung*, die körperliche Dimension stärker angesprochen wird. Werden Entspannungsübungen systematisch eingeführt unter Akzeptierung und Berücksichtigung etwaiger Widerstände der Schüler, können sie zu einer deutlichen Erhöhung der Konzentrationsfähigkeit führen.

Kennzeichnend ist weiter die *offene Herangehensweise* an das Thema, bei der die Schüler ihre eigenen Bedeutungen – vermittelt über die Vorstellungsübung – entwickeln können. Das Thema wird auf diese Weise mit persönlichen Erfahrungen *affektiv aufgeladen.*

Das Malen dient einem möglichst sprachbarrierefreien Selbstausdruck und schafft zugleich anschauliches Material, das zu einem Medium intersubjektiven Austausches wird.

Das eigene Erfahrungsmaterial ebnet auf diese Weise einen motivierenden Zugang zum Thema.

Indem die gemalten Situationen in der zweiten Stunde szenisch inszeniert werden, können sie auch auf den Ebenen des aktiven *Handelns* und *Fühlens* nachvollzogen werden.

Die Argumentation durch Einnahme eines Platzes auf zwei Stühlen in der Mitte der Klasse dient dazu, die *Übernahme von Verantwortung* für die eigene Äußerung zu verdeutlichen. Gleichzeitig wird klar, daß man auch die andere Seite einnehmen kann. Auf diese Weise können die verschiedenen Aspekte eines kontroversen Themas intensiver nachvollzogen werden. Außerdem macht diese Übung den Schülern einfach Spaß.

Indem die Schüler in die dritte Stunde ein für sie bedeutsames Musikstück mitbringen, bekommt das Erraten der entsprechenden Situationen eine *affektive Dimension.* Der Schüler teilt damit zugleich etwas über seine Vorlieben mit. Zum anderen spielt in das Ratespiel die *Beziehung zur Gruppe* hinein. Durch die persönliche Bedeutung des Stückes für den Schüler sind seine Mitschüler auch stark emotional an der Auflösung des Rätsels engagiert.

In der vierten Stunde bahnt sich dann eine Verallgemeinerung der Erfahrungen an, die den Weg von der persönlichen Bedeutung von Musik zu gesellschaftlichen Bedeutungen ebnen soll. Ausgehend von persönlichen Erfahrungen wird so der Bogen zu abstrakteren Sachverhalten geschlagen, um ihn anschließend wieder auf die persönlichen Auswirkungen zurückzuführen.

Variationsmöglichkeiten

- Im Anschluß an die Stundensequenz kann auf einzelne Richtungen, die die Schüler stärker interessieren, eingegangen werden (z.B. Unterrichtseinheit Worksongs), oder einzelne Schülergruppen können Referate zu einem Bereich ihrer Wahl erarbeiten.
- Die Schüler können in Arbeitsgruppen Musikcassetten für spezielle Zwecke erstellen (Entspannung, politische Aufklärung, Werbung, Einführung in das Werk eines Komponisten usw.), die sie dann für den eigenen Gebrauch nutzen und für interessierte Schüler vervielfältigen können.

- Die Schüler können in Arbeitsgruppen Musikcassetten erarbeiten, die auf Bedürfnisse ihres Tagesablaufs eingehen (Weckmusik, besinnliche Musik usw.).

4.3.3. Weitere Unterrichtsbeispiele bzw. Anregungen

Neben seiner fachlichen Vorbereitung muß sich der Lehrer die Frage stellen: Wie kann ich den Lernprozeß so organisieren, daß der Schüler einen persönlichen Bezug zum Inhalt auf den Ebenen Denken, Fühlen und Handeln realisieren kann. Im Rahmen des Musikunterrichts geht es dabei um die Frage des kreativen Umganges mit und des bewußten Verarbeitens von Musik.

Im einzelnen sehen wir folgende Akzentuierungen, die stärker im Fachunterricht Berücksichtigung finden sollten, als wichtig an;

Bewußtes Zuhören

Zuhören können ist eine Fähigkeit, die häufig vorausgesetzt wird, die aber immer wieder gelernt werden muß und an spezifische Bedingungen gebunden ist. Die Entwicklung der Fähigkeit, Musik konzentriert zu hören, setzt zunächst die Fähigkeit, »sich selbst« zu hören, voraus. Die individuellen Bedingungen konzentrierten Zuhörens werden im Unterricht unter Fragestellungen folgender Art erarbeitet:

- Wann kann ich gut zuhören, wann schlecht?
- Welche Bedingungen müssen gegeben sein für ein konzentriertes Zuhören? (Untersuchung des Raumes, Akustik, Lichtverhältnisse, soziale Atmosphäre, Sitzplatz usw.).
- Welche Wirkung hat die Musik auf mich und meinen Körper? (Experimentieren mit verschiedenen Musikformen, Darstellen der Wirkungen in Sprache, Bild und Spiel).
- Wo spürst du die Musik? (In welchen Körperteilen? usw.).

In verschiedenen Stufen können Formen des Zuhörens in spielerischer Form erarbeitet werden.
Zunächst geht man auf die Frage der Einstimmung ein. Hierzu gehört das Experimentieren mit Entspannungsübungen:

- *Atemübungen*
  »Atme fünfmal tief ein und aus. Spüre was sich in deinem Körper verändert. . .«

- *Bewegungsübungen*
  »Spannt alle Körperteile so fest an wie ihr könnt. Laß jetzt los. . .«
  »Trommelt mit den Händen auf die Tischplatte so schnell und so fest ihr könnt. Jetzt trommelt so sanft und leise wie ihr könnt. . .«
  »Lauft im Raum umher und lockert eure Glieder. Lauft wie ein fünfzigjähriger Mann, wie ein Sprinter, wie beim Einkaufsbummel usw.«

- *Meditationsübungen*
  »Schließe die Augen und höre in dich hinein. Stelle dir eine Musik vor, die das, was du in dir hörst, ausdrückt. . .«

- *Assoziationsübungen*
  »Ich sage euch jetzt den Titel des Stückes, das wir hören werden. Schreibt alle Begriffe auf, die euch dazu einfallen, ohne jede Zensur. Jedes Wort ist wichtig.«

Beim eigentlichen Zuhören eines Musikstücks sollte man sowohl mit den Rahmenbedingungen als auch den Formen des Zuhörens experimentieren:

- *Zuhörposition*
  Sitzen, auf dem Boden liegen, den Kopf auf den Tisch legen, seine individuelle Position finden, seinen Platz im Raum bestimmen, mit mehreren zusammen eine Zuhörgruppe bilden usw.

- *Beeinflussung der Rahmenbedingungen*
  Licht abdunkeln, Raum stilvoll dekorieren, Anordnung der Tische und Stühle verändern, die Wirkung verschiedener Räume erproben, Dunkelraum, sonnendurchflutetes Zimmer, Park, Konzertsaal usw.

- *Formen des Zuhörens*
  Zuhören mit Arbeitsauftrag, ungezieltes Zuhören, mit geschlossenen Augen auf innere Bilder, Körperempfindungen achten, Zuhören als Reise (»Stellt euch vor, das Stück beschreibt eine Reise. Was erlebt ihr?«), assoziatives Malen während des Hörens, assoziatives Schreiben von Begriffen, die einem während des Zuhörens einfallen, Vorstellen der Musik als Landschaft, als Wetter usw.

Umsetzen von Musik in Bilder

Eine hervorragende Möglichkeit, in Kontakt mit den von der Musik ausgelösten inneren Bildern zu kommen, stellen die verschiedenen Formen der Visualisierung eigener Eindrücke dar:

- *Assoziatives Malen*
  Zur Musik malen die Schüler mit Fingerfarben und sprechen hinterher darüber, was die Musik für Empfindungen, Assoziationen und Eindrücke hervorgerufen hat.
- *Assoziatives Kneten*
  Man kann das gleiche Verfahren auch mit plastischen Materialien wie Knete durchführen. Die Schüler formen einen Gegenstand, der ihre Erfahrung der Musik ausdrückt.
- *Malen unter einem Motto*
  Man kann dem Musikstück auch ein Motto voranstellen:
  - Eine Reise in das Barockzeitalter.
  - Ein rauschendes Fest.
  - usw.

  Auf diese Weise kann ein einheitliches Thema angezielt werden.

Umsetzen von Musik in darstellendes Spiel

Assoziatives Malen und Schreiben kann der Entwicklung von Formen des darstellendes Spiels, in die Musik umgesetzt werden soll, vorangehen. Häufig können aber auch gleich kleine Szenen entwickelt werden. Folgende Vorgehensweisen haben sich als günstig erwiesen:

- *Gefühlsstatue*
  Ein oder mehrere Schüler formen eine Statue aus ihren Körpern, die die Stimmung des Stückes ausdrücken soll.
  (Variationen: Gruppen per Los, Formen ohne zu sprechen, einer erhält die Aufgabe, aktiv zu gestalten usw.).
- *Pantomime*
  Die Schüler erhalten als Vorgabe, sich eine Reise, ein dramatisches Ereignis oder ähnliches beim Zuhören vorzustellen. In Gruppen sollen sie das Musikstück nun pantomimisch darstellen.
- *Sketch*
  Die Schüler sollen zu dem Musikstück einen kleinen Sketch erfinden.

- *Drehbuch*
  Im Rahmen einer Unterrichtseinheit wird ein ausgefeilteres Drehbuch zu einem umfangreicheren Musikwerk erarbeitet und inszeniert.
- *Film*
  Die Schüler sind Bestandteil eines Filmes. Sie stellen sich vor, sie seien Darsteller eines Filmes, zu dem die Musik läuft und bewegen sich entsprechend (Die Schüler stehen im Raum). Im Anschluß stellen Schüler drei Standbilder aus ihrem Film dar. Die anderen Schüler müssen den Film erraten.
- *Hintergrundmusik*
  Umgekehrt ist es natürlich auch möglich, daß Schüler zu vorgegebenen Szenen die passende Musik zusammenstellen sollen:
  - Erika kommt mit einer schlechten Note nach Hause (z.B. Motiv aus Beethovens 9. Symphonie).
  - usw.
- *Alter-Ego-Übungen*
  Eine komplexere Form der Darstellung bilden Alter-Ego-Übungen:
  - Ein Schüler spielt eine Szene pantomimisch, ein zweiter steht hinter ihm und sagt, was er dabei denken könnte.
  - Ein Schüler sagt zur Musik bestimmte Sätze. Sein Partner ergänzt ihn um unausgedrückte Aspekte.
- *Einsatz von zeitgenössischen Darstellungen*
  Darstellungen, die sich mehr an dem historischen Vorbild orientieren und in die Welt des Musikwerks einführen sollen, können durch Identifikationsübungen mit einem zeitgenössischen Gemälde vorbereitet werden:
  - »Stell dir vor, du bist eine Person dieses Bildes und hörst gerade unser Musikstück. . .«
  - »Stellt eine Szene des Bildes zur entsprechenden Musik nach. . .«

Umsetzen von Musik in Bewegung und Tanz

Im Sinne einer ganzheitlichen Erfahrung von Musik fördert Gestaltpädagogik das spontane Umsetzen von Musik in Bewegung. Es geht dabei zunächst darum, daß die Schüler – ohne auf äußerliche Leistungskriterien verpflichtet zu sein – ihrem spontanen Bewegungsbedürfnis Ausdruck verleihen:

- »Geht zur Musik im Raum herum und bewegt euch so wie es eurem Gefühl entspricht. . .«

Im Vordergrund steht die Entwicklung eines Körpergefühls und die Förderung von Formen des spontanen Selbstausdrucks. Musik wird hier als eine Möglichkeit, mit sich selbst und anderen in Kontakt zu kommen, betrachtet. Diesem Ziel dient auch folgende Übung:

- »Bildet einen Kreis. Ich mache jetzt zur Musik eine Bewegung, die ihr dann nachmacht. Wenn ich genug habe, übernimmt mein Nachbar und alle machen seine Bewegung nach.«
  (Variation: Beginnen in Vierergruppen, dann übergehen zu Achtergruppen, Hälfte der Klasse, Gesamtgruppe usw.).

Aus den vorgeführten Elementen der Schüler kann man dann einen eigenen, stärker formalisierten Klassentanz entwickeln.
Weitere Möglichkeiten sind:

- *Tanzen eines Stückes*
  Einzelne Schüler oder Gruppen suchen sich ein Stück heraus und stellen es tanzend dar.
- *Unsichtbarer Faden*
  Jeweils zwei Schüler sind durch einen unsichtbaren Faden miteinander verbunden. Zunächst führt der eine Schüler den anderen, indem er ihn zur Musik an diesem Faden durch den Raum führt. Dann Wechsel.
- *Spiegeln*
  Jeweils zwei Schüler stehen sich gegenüber. Der eine ist ein Spiegel und muß seitenverkehrt genau die Bewegungen seines Partners nachmachen. Dann Wechsel.
- *Pantomime*
  Es bieten sich in diesem Bereich die weiter oben beschriebenen pantomimischen Übungen an, indem die Schüler ihre Empfindungen durch entsprechende Bewegungen ausdrücken.

Musik als Selbsterfahrung

- *Identifikation*
  »Ich bin eine Gitarre, habe warm klingende Saiten, man kann viel mit mir machen. . .«

Die Schüler identifizieren sich mit einem Musikstück, einem Rhythmus, einem Instrument usw. und beschreiben sich in der 1. Person Singular. Auf diese Weise gewinnen sie zugleich Erkenntnisse über das Objekt, wie über sich selbst und ihre Beziehung zu dem Objekt.

– *Meditation*
  Wie oben skizziert, wird Musik zur Unterstützung von Meditationserfahrungen eingesetzt, die der Selbsterkenntnis dienen:
  »Wie wirkt die Musik auf dich, welche Bilder löst sie aus. . .«

– *Kreativer Selbstausdruck*
  Die vorgestellten Übungen zielen auf die Förderung der Fähigkeit zum kreativen Selbstausdruck ab. Musik soll als lustbetonte Möglichkeit der Entwicklung der eigenen Person erlebt werden und nicht lediglich unter äußerlichen Leistungskriterien behandelt werden:
  »Versuche deiner Stimmung einen Ton, eine Melodie zu geben. . .«

Musik als Gruppenerfahrung

Selbsterfahrung und Gruppenerfahrung bilden eine unauflösliche sich gegenseitig bedingende Einheit. Daher sind beide Aspekte im Unterricht entsprechend zu gewichten. Wie man vielleicht schon aus unseren Anregungen ersehen konnte, werden die individuellen Erfahrungen in die Gruppe eingebracht und ausgetauscht. Darüberhinaus kann man eine Vielzahl von kreativen Gruppenerfahrungen anregen:

– *Gruppenimprovisation*
  Jeder Schüler erhält ein Instrument (Orffsches Instrumentarium) und beginnt zu spielen.
  Im Verlaufe des freien Spiels bilden sich entsprechend des Gruppenprozesses Strukturen heraus, die hinterher besprochen werden können:
  – »Wie habe ich mich in der Gruppe gefühlt?«
  – »Was hat mir Spaß gemacht?«
  – »Welchen Anspruch hatte ich an mein Musizieren?«
  – usw.

– *Stimmung und Rhythmus*
  Die Stimmung in der Klasse kann thematisiert werden, indem jeder Schüler seinen Rhythmus auf den Tisch klopft. Es kann versucht

werden, zu einem gemeinsamen Rhythmus zu kommen. Es können sich verschiedene Gruppen bilden, die über rhythmisches Klopfen miteinander kommunizieren.

- *Gruppenklang*
  Alle Schüler stehen im Kreis, fassen sich an den Händen und schließen die Augen. Sie beginnen zunächst leise und dann immer lauter zu summen Aaaam. . . Ooom usw.. Mit der Zeit entsteht ein Zusammenklang der Gruppe.

- *Nähe und Entfernung*
  Alle Schüler stehen im Kreis mit geöffneten Augen und summen ihre individuellen Töne. Ein Schüler, der dazu Lust hat, geht im Kreis mit geschlossenen Augen herum. Wenn der Schüler in der Mitte einem Mitschüler sehr nahe kommt, signalisiert der es ihm durch ein Anschwellen seines Tones. Mit der Zeit wird die Kreisform verändert, und der Schüler orientiert sich nur durch Hören. Er soll an keinen Mitschüler anstoßen.

4.4. Sozialkunde

4.4.1. Aspekte eines gestaltpädagogischen Sozialkundeunterrichts

Neben den als bekannt vorausgesetzten Zielen des Sozialkundeunterrichts heben wir aus gestaltpädagogischer Perspektive folgende Aspekte besonders hervor:

- Der Schüler soll erkennen, daß er Teil der Gesellschaft ist und daß er von der gesellschaftlichen Realität geprägt und geformt wird und sie selbst auch prägt und verändert.
- Er soll erkennen, daß er sowohl in die Verantwortung genommen werden kann, als auch, daß er von sich aus verantwortlich ist.
- Er soll erkennen, daß er ganzheitliche Erfahrung über sich selbst als auch über die ihn umgebende Wirklichkeit braucht, um angemessen, engagiert und betroffen an der Veränderung und Humanisierung der gesellschaftlichen Verhältnisse mitzuarbeiten.

Der letzte Punkt dürfte in seiner Betonung des ganzheitlichen Aspektes, als auch des wechselseitigen Charakters von Selbst- und Fremderkenntnis bzw. Selbst- und Fremdveränderung eine deutliche gestaltpädagogische Handschrift tragen. Wir lösen uns von der Vorstellung, unsere Kritik vorwiegend auf andere zu projizieren, sondern fangen bei uns selbst an, da wir uns selbst als aktiven Teil der Gesellschaft begreifen und nicht als ohnmächtiges Opfer.

Angesichts der gegenwärtigen Weltlage und des physischen und psychischen Zustands der Menschen sehen wir die Erziehung zum Frieden als die zentrale Aufgabe des Sozialkundeunterrichts an. Das ungehinderte Wettrüsten, Kriege, schleichende Vergiftung und Verseuchung unserer Umwelt (z.B. Tschernobyl 1986), die psychische Verelendung weiter Teile der Bevölkerung einschließlich unserer politischen Führer, der Verlust von Orientierung und Sinnhaftigkeit usw. zeigen die Notwendigkeit auf, neue Wege in der Gestaltung unserer zwischenmenschlichen Beziehungen zu suchen.

Wir wissen, daß die Übertragung der Dynamik der zwischenmenschlichen Beziehungen auf die Beziehung zwischen Völkern problematisch ist und doch gehen wir davon aus, daß Probleme nicht nur von Sachzwängen, dem Kreislauf des Kapitals bzw. dem Mehrwert, dem Gefälle zwischen arm und reich, von Maschinen usw. ausgehen, sondern vor allem auch von Menschen gemacht sind und deswegen von Menschen gelöst und verändert werden können.

Ein wichtiger Punkt im Rahmen einer gestaltpädagogischen Betrachtungsweise ist der Umstand, daß wir versuchen, auf eine ganzheitliche Art – also unter Einschluß unserer eigenen Erfahrungen und Gefühle – zu begreifen, warum wir in einem immer stärkeren Maße andere bedrohen und dabei letztendlich unsere Selbstvernichtung billigend in Kauf nehmen!

Die traditionellen Theorien, wie z.B. die des Imperialismus, können dieses Phänomen nicht hinreichend erklären. Was sind wir für Menschen, daß wir uns immer mehr einmauern und ein Waffenarsenal anhäufen, mit dem unsere Erde zigfach vernichtet werden kann. Angeblich um uns zu schützen, und beseelt und verzaubert von der Idee, bei einem Konflikt auf jeden Fall siegen zu müssen, übersehen wir, daß wir bei diesem »Sieg« selbst ebenfalls Verlierer sind.

– Wir halten es für wichtig, daß wir uns mit dieser Paradoxie auseinandersetzen, mit diesem Anteil in uns, der als tiefe Form von Irrationalität unter der logisch immanenten Betrachtungsweise verborgen liegt, diese Irrationalität, die uns lieber sterben als leben läßt.

- Wir halten es auch für wichtig, uns mit unseren »friedloseren« Anteilen auseinander zu setzen, mit unserer Lust am Bösen, an der Zerstörung.
  Erst beim Zulassen auch dieser Anteile können Wege besprochen werden, wie man diese Gefühle zulassen kann, ohne andere wirklich zu zerstören.
- Weiterhin halten wir es für wichtig, uns mit unseren Ängsten vor der atomaren Vernichtung auseinander zu setzen, die oft abgespalten sind.
- Wir halten es für wichtig, uns mit unserem Streben nach Sicherheit auseinander zu setzen, das in einem normalen Rahmen angemessen ist. Die Aufrechterhaltung der Utopie der totalen Sicherheit hieße, die Verletzbarkeit, Anfälligkeit, Hinfälligkeit und somit die Unsicherheit menschlichen Daseins zu verdrängen. »Es gibt keinen Weg zum Frieden auf dem Weg zur Sicherheit. Denn Friede muß gewagt werden; er ist das eine große Wagnis und läßt sich nie und nimmer sichern.« (Dietrich Bonhoeffer)
- Wir halten es für ebenso wichtig, uns mit der von Erich Fromm vorgenommenen Entscheidung zwischen Haben und Sein auseinander zu setzen, denn »Frieden kannst Du nur haben, wenn Du ihn gibst«. (Marie von Ebner-Eschenbach)

Wir zitieren im folgenden etwas ausführlicher die Auffassung von H.E. RICHTER[1)], der als Psychoanalytiker und langjähriger engagierter Friedensarbeiter sich wissenschaftlich und praktisch mit der Psychologie des Friedens beschäftigt hat. Er vereint in seiner Auffassung die soeben dargestellten Bausteine zu einem ganzheitlichen Bild und begründet aus philosophischer, historischer und psychologischer Sicht die Notwendigkeit einer veränderten Einstellung des Menschen zum Umgang mit sich selbst und anderen. Damit trifft er den Kern gestaltpädagogischer Auffassung.

RICHTER beginnt bei den folgenden Ausführungen mit einem Zitat Pascals, der beim Philosophieren über den Sinn seines Lebens seine menschliche Begrenztheit erkennt:

---

1) RICHTER, H.E. 1986, S. 243 ff.

»'Wenn ich die kurze Dauer meines Lebens betrachte, das verschlungen ist in die Ewigkeit, die ihm vorausging und die ihm folgt, den geringen Raum, den ich erfülle, und selbst den, den ich sehe, der in der grenzenlosen Unendlichkeit der Räume versinkt, die ich nicht kenne und die mich nicht kennen, dann erschrecke ich und wundere mich, daß ich mich hier sehe und nicht dort; denn es gibt keinen Grund, warum ich hier bin und nicht dort, warum jetzt und nicht irgendwann. Wer hat mich da hingestellt? Durch wessen Befehl und Führung sind dieser Ort und diese Zeit für mich bestimmt worden?'

Dieses Erschrecken, wie es hier Blaise Pascal beschreibt, stand am Beginn unseres naturwissenschaftlich-technischen Zeitalters. Die Mathematik machte dem Menschen seine Winzigkeit vor der Unendlichkeit klar. Das Gefühl, von Gott gehalten und geleitet zu sein, war im Schwinden. Wer in dieser Unsicherheit Gott nicht mehr suchte und fand, dem drohte – nach Pascal – Verrücktheit und Unseligkeit. Aber gab es nicht in der Angst den Ausweg, an der Stelle Gottes – dessen man nicht länger sicher war – diese Welt selber zu berechnen und zu lenken? Dieser Umschlag von verzweifelter Angst in einen rasenden Bemächtigungsdrang kennzeichnete den Beginn unserer Neuzeit. Anstatt als flüchtige Erscheinung in der unendlichen Kette von Ursachen und Folgen sah der Mensch sich als Erbe Gottes dazu befähigt, die Kausalität in eigener Regie zu übernehmen. Die scheinbar unbegrenzten Möglichkeiten der mathematischen Naturerkenntnis und deren technische Anwendung wurden die fiktive Stütze einer neuen gigantomanen Selbstgewißheit. Wenn der Mensch Gott nicht mehr haben konnte, mußte er selber Gott werden. So entstand der moderne Fortschrittsmythos nicht aus einem lustvollen Eroberungs- und Befreiungsdrang, sondern – wie es Max Scheler ausdrückt – aus einem tiefen Bewußtsein ‚metaphysischer Verzweiflung'.

Pascal, einer der bedeutendsten Mathematiker seiner Zeit, hatte noch davor gewarnt, sich in solchen Größenwahn zu flüchten: ‚... wir brennen vor Gier, einen festen Grund zu finden und eine letzte beständige Basis, um darauf einen Turm zu bauen, der bis in das Unendliche ragt; aber all unsere Fundamente zerbrechen, und die Erde öffnet sich bis zu den Abgründen. Also suche man keine Sicherheit und Beständigkeit. Immer täuscht die Vergänglichkeit der Erscheinungen unsere Vernunft, nichts kann das Endliche zwischen den beiden Unendlichen bannen, dies einschließen oder es fliehen. Hat man das recht begriffen, so wird man sich, glaube ich, ruhig verhalten und jeder in der Lage, wohin ihn die Natur gestellt hat ... und ist die Dauer unseres Lebens, wenn wir zehn Jahre länger leben, nicht gleichfalls unendlich entfernt von der Ewigkeit? . . . Würde der Mensch damit beginnen, sich selbst zu erforschen, würde er erfahren, wie unfähig er ist, über sich hinaus zu gelangen.'

Aber Pascal konnte die Entwicklung nicht aufhalten. Die Kraft des Glaubens, die er beschwor, reicht fortan nicht mehr aus, dem Drang nach Allwissenheit und Allmacht ein Maß zu setzen. Zwar währte es, wie wir wissen, noch zwei Jahrhunderte, ehe der überdauernde Rest der mittelalterlichen Mentalität eine volle Entfesselung des modernen Allmachtwillens zuließen. Aber in mehreren Schüben hat sich dieser megalomane Anspruch schließlich durchgesetzt. . . Fortan zog alles Mißtrauen auf sich, was an Naturkräften noch unberechenbar und unbeherrschbar drohte. . . Der Anspruch, sich letztlich aller krankmachenden und todbringenden Ursächlichkeiten zu bemächtigen, ist eingebettet in den viel umfassenderen Kampf um allgemeine technische Naturbeherrschung. Gemeinsame Triebkraft ist die Flucht nach vorn aus einem Bewußtsein totaler Sinnleere und Verlorenheit in einen Fortschritt, der sein Ziel im bloßen Fortschreiten hat.

So wurde die Weiche gestellt für eine Kulturentwicklung der totalen Veräußerlichung. Die Innenwelt des Gemüts, die logique du coeur, wie Pascal sie genannt hatte, verfiel der Geringschätzung. Die Seele barg nicht mehr den göttlichen ‚Funken' Jakob Böhmes, das spiraculum vitae, die ebenbildliche Verbindung zum göttlichen Wesen. Es galt nicht länger, was Thomas Campanella und Giordano Bruno gelehrt hatten, daß alle Welterkenntnis in der Selbsterkenntnis des Menschen beschlossen sei, weil sich in seiner Seele das göttliche Sein spiegele. Vom göttlichen Licht verlassen, verwandelte sich die seelische Innenwelt in eine Szenerie verworrener Gefühle und Affekte. Statt als Quelle der tiefsten Erkenntnis wurde sie zu einem irritierenden Faktor. Aufgabe des mathematischen Intellektes wurde es, ihre störenden emotionalen Regungen unter vollständige Kontrolle zu bringen. Gleichzeitig verlor das Herz seine Bedeutung als symbolisches Zentrum des menschlichen Wesens, als Inbegriff des Charakters, zugleich als die im Glauben und in der Liebe mit Gott verbundene Instanz. Die ‚ordo amoris' galt nichts mehr. Nicht, was man fühlte, sondern nur noch, was man im Kopf berechnend kontrollieren konnte, wurde zum neuen Maßstab verläßlicher Orientierung erklärt.

Über viele Generationen währt seitdem das Ringen, die verlorene Sicherheit wiederzugewinnen. Was an innerem Halt verlorengegangen ist, ließ sich durch alle errungene Macht über die äußere und innere

Natur nicht kompensieren. Den herrschenden Gott vermochte man durch Identifikation zu kopieren – bis zu der inzwischen erlangten Macht, die Schöpfung nuklear zu zerstören. Aber für den Verlust des liebenden und des die Aggressionen durch Gnade bindenden Gottes wurde kein Ausgleich gefunden. Die Verbindung zwischen Selbstbild und Weltbild, in der christlichen Philosophie zwischen Mikro- und Makrokosmos durch Gott vermittelt, setzte sich in gewandeltem Sinne fort: Das seine Gefühle, seine Endlichkeit verdrängende Ich spiegelte sich in der Makrogesellschaft künftig als unumschränktes imperialistisches Prinzip wider. Dem innerpsychischen ‚Imperialismus' des Ego, welches das Herz, die ordo amoris, suspendiert hat, entspricht das politische Programm eines endlosen Expansionismus. In dem Augenblick, als man sich – mit Thomas Hobbes – den inzwischen bezogenen religiösen Indifferentismus offen zugestehen konnte, erkannte man ehrlicherweise im Egoismus, im Kampf aller gegen alle, die einzig verbliebene natürliche individuelle und gesellschaftliche Triebfeder. . .«

Richter geht dann auch der Frage nach, wie wir aus diesem destruktiven Mechanismus aussteigen können. Wir müssen erkennen, daß ». . . sich hinter der Dynamik der Rüstung weit mehr verbirgt als der Konflikt zwischen den Systemen, als Interessen der Militärs oder der Wirtschaft; wenn die letzte Wurzel der Verlust des menschlichen Maßes im Selbst- und Weltverständnis ist; wenn uns die Verleugnung unserer Endlichkeit zum ewigen Siegen-Müssen treibt – über die vielen konstruierten Feinde als Stellvertreter des unerträglichen Todes.

In Christa Wolfs Erzählung weissagt Kassandra den Eroberern Trojas: ‚Wenn ihr aufhören könnt zu siegen, wird diese eure Stadt bestehn.' Im Dialog mit dem Wagenlenker fügt sie hinzu: ‚Ich weiß von keinem Sieger, der es konnte.' Aber: ‚Ich glaube, daß wir unsere Natur nicht kennen. Daß ich nicht alles weiß. So mag es in der Zukunft Menschen geben, die ihren Sieg in Leben umzuwandeln wissen.'

Ist es im Grunde also der Tod, den unsere vom Fortschrittsmythos besessene Gesellschaft fortgesetzt besiegen muß, dann führt kein Weg daran vorbei, daß wir erst aufgeben müssen, ihn zu verleugnen, ehe wir Aussicht haben, die zunehmende Militarisierung unserer Gesellschaft in allen Bereichen zu überwinden. Wir müssen genau im Sinne Pascals lernen, daß wir trotz allen Fortschritts nicht über uns selber hinaus wachsen, daß wir nicht unsterblich werden können.

Erst wenn uns die Ohnmacht nicht mehr erschreckt, uns mit dem uns zustehenden bescheidenen kreatürlichen Maß in der Welt abzufinden, entfiele der Zwang, uns fortgesetzt Feinde suchen zu müssen, deren

Überwindung uns die Illusion der Besiegbarkeit auch des letzten größten Feindes bestätigen soll.

Aber heißt das etwa, Diktatur, Totalitarismus, Folter, Terrorismus nicht mehr bekämpfen zu sollen? Schon höre ich das Aufbegehren derer, die ahnungslos oder gezielt mißverstehen. Eben dies heißt es nicht. Aber so wie es in der modernen Medizin Beispiele dafür gibt, daß ‚heroische' Therapiemethoden eher zerstören, was durch Stärkung von Selbstheilungskräften hätte kuriert werden können, so gibt es auch eine ‚heroische' Politik, die Gewalt in einem gegnerischen System nur dadurch glaubt tilgen zu können, daß sie selbst mit einem Vielfachen dieser Gewalt, ja mit totaler Zerstörung droht. Eben dadurch widerlegt sie ihren moralischen Anspruch und enthüllt ihre abgründige Irrationalität. Die Blindheit für die Maßlosigkeit der Mittel, hergeleitet von der Verabsolutierung des Feindbildes, verweist auf einen hohen Anteil von Projektion.

In unserer bis in die Medizin hinein militarisierten Gesellschaft befürchten wir in vielerlei Maskierungen, letztlich in der des atomaren Aggressors, den Tod als das schreckliche Nichts, dem wir unseren hoffnungslosen Anspruch auf Unendlichkeit und Unsterblichkeit entgegensetzen. So wie ein Verfolgungskranker, wenn er sich immer mehr in seine Verfolgungsfurcht hineinsteigert, seinen Verfolgern dennoch nie entgeht, erhöhen wir durch die paranoide Militarisierung ebenfalls nur die Gefahr der gemeinsamen Selbstzerstörung, gegen die wir uns sichern wollen.

Für uns hieße also der erste Schritt der Heilung, unser Leben in dem uns gewährten bescheidenen Maß zu akzeptieren und uns mit unserer kreatürlichen Vergänglichkeit und mit unserer relativen Ohnmacht auszusöhnen. Anstatt vergeblich darauf zu beharren, daß wir immer größer, stärker, mächtiger werden, alle Krankheiten und am Ende den Tod bezwingen, könnten wir Pascals Empfehlung folgen: ‚Erkennen wir also unsere Tragweite: wir sind etwas, und wir sind nicht alles.'

Als Wesen, die nur an einem winzigen Ausschnitt des Naturprozesses und nur einen Augenblick lang an der Menschheitsgeschichte teilnehmen, sollten wir, unsere kreatürliche Endlichkeit ständig bedenkend, in der uns geschenkten Spanne unser Leben feiern und für dasjenige, das dem unseren folgt, einen möglichst förderlichen Boden bereiten. Ich habe Angst vor einem Tod, bei welchem ich meinen Kindern und Enkeln eine innerhalb anderthalb Generationen schwerstens beschädigte Umwelt und ein apokalyptisches Vernichtungsarsenal – einschließlich eines waffenstarrenden Weltraums – hinterlasse. Ich möchte in der

Gewißheit sterben, daß meine, unsere Nachkommen mein, unser Leben in der Anerkennung fortsetzen, daß wir unserer Verantwortung ihnen gegenüber gerecht geworden sind. Ich will nicht in der Erinnerung als Mitglied einer Generation megalomaner Egoisten fortleben, die mit ihren Entscheidungen die Lebensmöglichkeiten ihrer Nachfolger bedenkenlos und zum Teil irreversibel beeinträchtigt und gefährdet statt verbessert haben.

Denn für mich gehört zur Aussöhnung mit dem Tod das Gefühl der liebevollen Verbindung mit denen, an die ich mein Leben weitergebe. Und gewiß dürften die meisten, wenn sie sich ernsthaft befragen, zu ähnlichen Vorstellungen gelangen. Nur – wir befragen uns zu selten. Die banale Feststellung John F. Kennedys, daß unsere Probleme von Menschen gemacht sind und von Menschen gelöst werden können, klingt uns fast schon wie die Beschwörung eines Wunders. Wir aber sind diese Menschen, jeder einzelne. Wir müssen die Probleme wieder auf uns nehmen und nach unseren Maßstäben der Menschlichkeit und Kreatürlichkeit beurteilen und handhaben.«

Die Auffassungen Richters machen deutlich, daß wir uns unserer Ängste, Begrenzungen, unserer »relativen Ohnmacht« bewußt werden müssen. Die Methoden und Prinzipien der Gestaltpädagogik zielen darauf ab, Schritte in diese Richtung zu ermöglichen.

4.4.2. Unterrichtsbeispiel: Friedenserziehung – Nicht alles gefallen lassen (Kurzgeschichte von Gerhard Zwerenz)

Ziele des Unterrichts

Neben den als bekannt vorausgesetzten Zielen des Sozialkundeunterrichts betonen wir im Rahmen der Gestaltpädagogik insbesondere folgende Aspekte:

- Konkrete Erfahrung des Zusammenhangs von äußerem Krieg (kriegerische Auseinandersetzung zwischen Völkern) und innerem Krieg (Umgang mit sich selbst und anderen).
- In Kontakt kommen mit dem eigenen Verhältnis zu Frieden und der Sehnsucht danach.

- Bewußtmachung unseres aggressiven Potentials, das wir nicht nur fürchten und ablehnen, sondern auch als lustvoll erleben.
- Bewußtwerdung der latenten »Vergeltungsstrategien«, die wir in uns tragen.
- Einsicht, daß nur unser konkretes friedliches Handeln zum Frieden führt.

Wir geben dem Leser im folgenden eine Sammlung von erprobten Elementen eines gestaltpädagogischen Unterrichts zum Thema: Friedenserziehung. Wir empfehlen, diese Elemente als Anregung bei der Planung des Unterrichts zu berücksichtigen.

1. Wir bitten die Schüler, sich so bequem wie möglich hinzusetzen oder zu legen, die Augen zu schließen und sich auf sich selbst zu besinnen. Dann bieten wir den Schülern eine kurze Entspannung an (ca. 5 Min.).
2. Nach dieser Entspannung sagen wir: »Stelle dich nun langsam darauf ein, diesen Ort hier zu verlassen und dich auf eine Reise zu begeben. . .« Dann folgt die Phantasiereise.[1)]
3. ». . .sag in dir drinnen das Wort »Frieden«, laß es in dir klingen, und spür, wo in deinem Körper es sich ausbreitet,. . . nun sing das Wort Frieden in dir,. . . spür in deinem Körper, wo sich *Frieden befindet*,. . . irgendwo in deinem Körper spürst du ihn deutlich, welche Empfindung oder welches Gefühl ist das für dich?. . . Laß sich diese Empfindung oder dieses Gefühl langsam, wie in kleinen Wellen ausbreiten, daß es deinen ganzen Körper erfaßt,. . . nun stell dir das Wort *Frieden* geschrieben vor, wie erscheint es dir?. . . Laß nun das Bild einer Landschaft in dir entstehen, die du mit Frieden verbindest, vielleicht befindest du dich in dieser Landschaft oder du schaust auf sie herab,. . . vielleicht hörst du auch Musik,. . . verabschiede dich nun von dieser Landschaft und laß dir deinem geistigen Auge Bilder, Szenen, Situationen entstehen, die du mit *Frieden verbindest*. . . aus deiner Realität oder Phantasie,. . . (4 Min.), spür nun deinen Körper, wie nimmst du ihn wahr?. . . Laß nun einen Satz in dir hochsteigen, der deine momentane Beziehung zum

---

1) Zu den verschiedenen Techniken der Entspannung siehe unter 3.2. Dort finden sich auch Hinweise zur Durchführung von Phantasiereisen.

Frieden am ehesten charakterisiert,. . . nun verabschiede dich vom *Frieden. . .*

Jetzt stell dir in deiner Phantasie eine Landschaft vor, die für dich den Gegensatz zum Frieden verkörpert (darstellt), wie geht es dir in und mit dieser Landschaft?. . . Hörst du Musik?. . . Laß nun vor deinem geistigen Auge Bilder, Szenen, Situationen erscheinen, die du mit deinem Gegensatz zum Frieden verbindest, die diesen Gegensatz zum Frieden am ehesten ausdrücken,. . . (4 Min.). Spür nun in deinen Körper hinein, wie nimmst du dich wahr? Welcher Satz fällt dir ein zu deinem Gegensatz zum Frieden?. . .

Verabschiede dich nun und komm langsam zurück in diesen Raum. . .

Reck und streck dich, öffne deine Augen.«

4. Dann bitten wir die Schüler zu Spontanäußerungen, insbesondere auch zu den Sätzen, die ihnen eingefallen sind.
5. Bei diesen spontanen Äußerungen sollten folgende Aspekte deutlich werden:

   - Frieden ist etwas Ganzheitliches; wir verstehen ihn, wir haben eine gefühlsmäßige Beziehung zu ihm, wir können ihn und unseren Körper spüren, wir können ihn hören.
   - Frieden betrifft uns unmittelbar, ob wir wollen oder nicht, ob wir es wahrhaben wollen oder nicht.
   - Wir tragen die Sehnsucht nach Frieden in uns.

6. »Wie kommt es, daß alle von Frieden reden, sich alle danach sehnen und er doch so wenig da ist?
   Ich möchte Euch zu dieser Frage eine kleine Geschichte vorlesen (s.u.). Mach bitte deine Augen zu, achte auf deinen Atem,. . . laß die Geschichte auf dich wirken,. . . achte weniger auf Einzelheiten,. . . eher: was spürst du, was geht in dir vor. . .?«[1])

Gerhard Zwerenz
NICHT ALLES GEFALLEN LASSEN

Wir wohnten im dritten Stock mitten in der Stadt und haben uns nie etwas zuschulden kommen lassen, auch mit Dörfelts von gegenüber

1) Gerhard Zwerenz: Nicht alles gefallen lassen. Aus: Gesänge auf dem Markt, Kiepenheuer und Witsch, Köln 1962

verband uns eine jahrelange Freundschaft, bis die Frau sich kurz vor dem Fest unsre Bratpfanne auslieh und nicht zurück brachte.
Als meine Mutter dreimal vergeblich gemahnt hatte, riß ihr eines Tages die Geduld und sie sagte auf der Treppe zu Frau Muschg, die im vierten Stock wohnt, Frau Dörfelt sei eine Schlampe.
Irgendwer muß das den Dörfelts hinterbracht haben, denn am nächsten Tag überfielen Klaus und Achim unsern Jüngsten, den Hans, und prügelten ihn windelweich.
Ich stand grad im Hausflur, als Hans ankam und heulte. In diesem Moment trat Frau Dörfelt drüben aus der Haustür, ich lief über die Straße, packte ihre Einkaufstasche und stülpte sie ihr über den Kopf. Sie schrie aufgeregt um Hilfe, als sei sonstwas los, dabei drückten sie nur die Glasscherben etwas auf den Kopf, weil sie ein paar Milchflaschen in der Tasche gehabt hatte.

Vielleicht wäre die Sache noch gut ausgegangen, aber es war just um die Mittagszeit, und da kam Herr Dörfelt mit dem Wagen angefahren. Ich zog mich sofort zurück, doch Elli, meine Schwester, die mittags zum Essen heimkommt, fiel Herrn Dörfelt in die Hände. Er schlug ihr ins Gesicht und zerriß dabei ihren Rock. Das Geschrei lockte unsre Mutter ans Fenster, und als sie sah, wie Herr Dörfelt mit Elli umging, warf unsre Mutter mit Blumentöpfen nach ihm. Von Stund an herrschte erbitterte Feindschaft zwischen den Familien.
Weil wir nun Dörfelts nicht über den Weg trauten, installierte Herbert, mein ältester Bruder, der bei einem Optiker in die Lehre geht, ein Scherenfernrohr am Küchenfenster.
Da konnte unsre Mutter, waren wir alle unterwegs, die Dörfelts beobachten. Augenscheinlich verfügten diese über ein ähnliches Instrument, denn eines Tages schossen sie von drüben mit einem Luftgewehr herüber. Ich erledigte das feindliche Fernrohr dafür mit einer Kleinkaliberbüchse, an diesem Abend ging unser Volkswagen unten im Hof in die Luft.
Unser Vater, der als Oberkellner im hochrenommierten* Cafe Imperial arbeitete, nicht schlecht verdiente und immer für den Ausgleich eintrat, meinte, wir sollten uns jetzt an die Polizei wenden.
Aber unserer Mutter paßte das nicht, denn Frau Dörfelt verbreitete in der ganzen Straße, wir, das heißt, unsre gesamte Familie, seien derart schmutzig, daß wir mindestens zweimal jede Woche badeten und für das hohe Wassergeld, das die Mieter zu gleichen Teilen zahlen müssen, verantwortlich wären.
Wir beschlossen also, den Kampf aus eigener Kraft in aller Härte

aufzunehmen, auch konnten wir nicht mehr zurück, verfolgte doch die gesamte Nachbarschaft gebannt den Fortgang des Streites.
Am nächsten Morgen schon wurde die Straße durch ein mörderisches Geschrei geweckt.
Wir lachten uns halbtot, Herr Dörfelt, der früh als erster das Haus verließ, war in eine tiefe Grube gefallen, die sich vor der Haustüre erstreckte.
Er zappelte ganz schön in dem Stacheldraht, den wir gezogen hatten, nur mit dem linken Bein zappelte er nicht, das hielt er fein still, das hatte er sich gebrochen.
Bei alledem konnte der Mann noch von Glück sagen – denn für den Fall, daß er die Grube bemerkt und umgangen hätte, war der Zünder einer Plastikbombe mit dem Anlasser seines Wagens verbunden. Damit ging kurze Zeit später Klunker-Paul, ein Untermieter von Dörfelts hoch, der den Arzt holen wollte.
Es ist bekannt, daß die Dörfelts leicht übelnehmen. So gegen zehn Uhr begannen sie unsre Hausfront mit einem Flakgeschütz* zu bestreichen. Sie mußten sich erst einschießen, und die Einschläge befanden sich nicht alle in der Nähe unserer Fenster. Das konnte uns nur recht sein, denn jetzt fühlten sich auch die anderen Hausbewohner geärgert, und Herr Lehmann, der Hausbesitzer, begann um den Putz zu fürchten. Eine Weile sah er sich die Sache noch an, als aber zwei Granaten in seiner guten Stube krepierten, wurde er nervös und übergab uns den Schlüssel zum Boden.
Wir robbten sofort hinauf und rissen die Tarnung von der Atomkanone.
Es lief alles wie am Schnürchen, wir hatten den Einsatz oft genug geübt, die werden sich jetzt ganz schön wundern, triumphierte unsre Mutter und kniff als Richtkanonier* das rechte Auge fachmännisch zusammen. Als wir das Rohr genau auf Dörfelts Küche eingestellt hatten, sah ich drüben gegenüber im Bodenfenster ein gleiches Rohr blinzeln, das hatte freilich keine Chance mehr, Elli, unsre Schwester, die den Verlust ihres Rockes nicht verschmerzen konnte, hatte zornroten Gesichts das Kommando »Feuer« erteilt.
Mit einem unvergeßlichen Fauchen verließ die Atomgranate das Rohr,

---

*Hochrenommiert: mit besonders gutem Ruf
Flak: Fliegerabwehrkanone
Richtkanonier: zur Geschützbedienung eingesetzter Soldat

zugleich fauchte es auch auf der Gegenseite. Die beiden Geschosse trafen sich genau in der Straßenmitte.
Natürlich sind wir nun alle tot, die Straße ist hin und wo unsre Stadt früher stand, breitet sich jetzt ein graubrauner Fleck aus.
Aber eins muß man sagen, wir haben das Unsre getan, schließlich kann man sich nicht alles gefallen lassen.
Die Nachbarn tanzen einem sonst auf der Nase herum.

7. »Versetze dich nun in die Lage, du seiest der Erzähler der Geschichte. . . du löst dich ganz von dir und wirst zum Erzähler. . . du bist entweder ein Junge oder ein Mädchen. . . du hast einen Bruder mit Namen Hans, eine Schwester, die jeden Mittag zum Essen heimkommt, mit Namen Elli, einen älteren Bruder, der bei einem Optiker in die Lehre geht, mit Namen Herbert. . . deine Mutter ist zu Hause und ist Hausfrau und dein Vater ist Oberkellner und arbeitet im Café Imperial.. . .
   Schreibe nun *deine* Geschichte noch einmal,. . . Schreibe das, was dir wichtig erscheint, benütze die Form der Gegenwart. Du brauchst nicht alle Details zu schreiben, wichtig ist, daß du schreibst, was du während des ganzen Vorfalls denkst und fühlst.«
8. Die Schüler lesen ihre Berichte vor und die anderen werden gebeten, aktiv zuzuhören.
9. Daran schließt sich eine Erarbeitungsphase an, bei der folgende Aspekte deutlich werden sollten:
   - Der Mechanismus: Wie du mir, so ich dir oder Auge um Auge, Zahn um Zahn, ist sehr tief in uns verwurzelt. In der Geschichte ist er lediglich überzeichnet. Wir können bei uns selbst viele kleine Beispiele finden.. .
   - Dieser Mechanismus der Vergeltung läßt uns nur noch unseren vermeintlichen »Stolz« spüren (»man darf sich doch nichts gefallen lassen. . .«). Wir sind gefangen in der Wut und dem Bedürfnis, es anderen heimzuzahlen. . .
   - Die Angst, die unter dem Stolz sitzt, wird abgespalten bzw. nicht mehr gespürt. Wenn wir in diesem Mechanismus leben, müssen wir notgedrungen hart und unerbittlich werden. Unsicherheit und Angst können nicht als ebenbürtiger Teil unseres Selbst angenommen werden.
   - Wir müssen dann unser Sinnen und Trachten primär darauf ausrichten, uns vor möglichen Verletzungen zu schützen.

- Auf die eigene Sicherheit zu achten, ist angemessen. . . Das Bedürfnis sich unverletzlich zu machen, ist verständlich, aber unerfüllbar. . . Wir können uns dies an dem Umstand, daß wir sterben müssen, deutlich machen.
- Der Konflikt eskaliert in dem Moment, da die beiden Parteien nicht mehr direkt miteinander kommunizieren. . ., beide Parteien sind jeweils auf die Spekulationen der anderen Seite angewiesen.

10. Alternative Geschichte spielen
Der Lehrer liest noch einmal die ersten 4 Zeilen vor und bittet dann die Schüler, sich in Gruppen von 4–6 aufzuteilen. Die Instruktion könnte eventuell lauten:
»Versucht bitte, ausgehend von dieser Situation eine andere Lösung zu finden als die in der Geschichte. Wählt euch einige Familienmitglieder aus; ihr habt 15 Minuten Zeit. . . Anschließend werden alle Gruppen ihre Lösungen vorspielen. . .«
11. Vorspielen der Geschichte
12. Besprechung
Hier sollen die Spieler befragt werden, wie sie sich jeweils gefühlt haben, was eventuell innerlich abgelaufen ist, ohne an die Oberfläche zu kommen. . .
In der weiteren Besprechung und der Analyse von Konflikten sollte deutlich werden:

- Konflikte sind ein ganz normaler Bestandteil unseres menschlichen Zusammenlebens.
- Es ist wichtig, daß wir auch unsere negativen Gefühle wie Ärger, Wut, Enttäuschung usw. spüren und sie als Teil von uns akzeptieren.
- Friedlich sein heißt nicht, alles hinnehmen, alles schlucken, sich an alles anpassen. . .
- Friedlich sein heißt, sich spüren und mit seinen Gefühlen in der Auseinandersetzung sein.
- Bei einem Konflikt ist es das Wichtigste, daß die Beteiligten in einem unmittelbaren Kontakt bleiben, sich mitteilen, was sie voneinander wollen und mitteilen, welche Gefühle das Verhalten des jeweils anderen auslöst.

13. Diese »Erkenntnisse« können im weiteren Verlauf an auftretenden Konflikten zwischen einzelnen Schülern oder Schülergruppen geübt werden. . .

14. Abschließen könnte man die Arbeit an diesem Thema mit folgender Übung:
Nach einer kleinen Entspannung bittet man die Schüler, sich jeweils paarweise gegenüber zu setzen. Jeweils ein Schüler beginnt, seinem Partner folgende Fragen zu stellen:
»Wenn du völlig angstfrei wärst und über deine ganze Kraft verfügen würdest, was würdest du tun, um das Überleben der Menschheit zu sichern,«
(oder: ». . . um den Frieden auf der Welt zu erreichen?«).
Der befragte Schüler diktiert alle Gedanken, die ihm einfallen (es darf keinerlei Zensur ausgeübt werden!) seinem Partner.
Nach ca. 5 Minuten wird gewechselt. Im Anschluß werden alle Aussagen an die Wand gepinnt. Die Schüler gehen herum, lesen und entscheiden sich dann für eine Möglichkeit. Diese schreiben sie dann in ihr Heft und schreiben dazu, wie sie diese Möglichkeit konkret umsetzen wollen. Dieses Ergebnis wird dann vorgelesen.

4.4.3. Weitere Unterrichtsbeispiele bzw. Anregungen

- Nach der inhaltlichen Erarbeitung von Personen der Zeitgeschichte, die sich für den Frieden eingesetzt haben, wie z.B. Mahatma Ghandi oder Berta von Suttner, bietet sich an, daß sich die Schüler mit diesen Persönlichkeiten identifizieren, ganz in ihre Gefühle, Hoffnungen, Sehnsüchte, aber auch in ihre Enttäuschungen eintauchen.
- Im Unterricht wurde über das Wesen der Demokratie und anderer Staatsformen gesprochen:
  Als Abschluß bietet sich eine Fernsehmoderation an. Auf dem Podium sitzt Frau oder Herr Demokratie, Frau oder Herr Monarchie, Frau oder Herr Diktatur, Frau oder Herr Sozialismus. Nach einigen einleitenden Sätzen des Moderators treten die Beteiligten in ein Streitgespräch ein, in dem sie ihre Vorteile darstellen und sich von den anderen abgrenzen.
- Schüler werden gebeten, eine Collage zum Thema
  ich und meine Umwelt zu erstellen. Bei der anschließenden Besprechung sollten sie erläutern, wie sehr jeder, ob er will oder nicht, unentwegt mit der Umwelt verflochten ist. Danach sollten die Schüler diese Verbindungen zeichnerisch in ihrer Collage darstellen.

– Die Schüler werden gebeten, sich in Vierergruppen aufzuteilen. Jede Gruppe erhält ein DIN A1 Blatt, auf dem 4 gleich große Kreise (etwa Tellergröße) eingezeichnet sind.

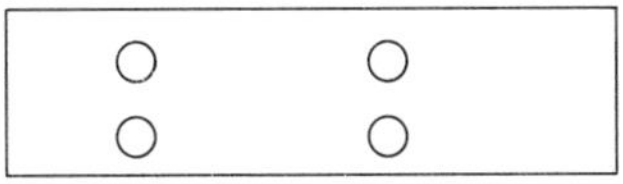

Jeder Schüler erhält nun die Aufgabe, seinen Kreis zum Thema »Ich und was ich am Leben liebe« auszumalen. Bei dieser Phase sollte möglichst schweigend gemalt und kein Kontakt zu anderen aufgenommen werden (ca. 15 Minuten). Nach einer Besprechungsphase bittet man die jeweiligen Gruppen, untereinander durch Malen Verbindungen herzustellen, ohne miteinander zu sprechen. Das Ausdrucksmedium und das Verbindungstiftende sollen die Malstifte sein.

Hier kann die Beziehung zu sich selbst und den anderen auf eine spielerische Art dargestellt, geklärt und erweitert werden, als auch gemeinsame Verbindungen zur Umwelt verdeutlicht werden.

– Reise in die Welt des Friedens
  Um die positive Utopie über ein friedliches Zusammenleben anzuregen, bietet sich – nachdem über Frieden im Unterricht gesprochen wurde – eine Phantasiereise folgenden Inhalts an:

  »Setze dich so bequem wie möglich, entspanne dich, schließe die Augen. . . (siehe unter 3.2.).
  Du steigst in einen Zug. . . und du fährst weit und lange. Jetzt hält er. . . du steigst aus und bist auf einer Wiese, du schaust dich um und gehst über die Wiese bis zu einem Tor. . . Du bist neugierig und machst das Tor auf und merkst, du bist in einem anderen Land und hinter dem Tor ist ein großes Schild, auf dem steht: hier beginnt das Land des Friedens.
  Du schaust dich um,. . . was du alles siehst,. . . wie die Leute hier sind,. . . was sie tun,. . . wie sie miteinander reden,. . . wie sie wohnen,. . . wohin sie gehen. . . Such dir mal einen aus und schau ihn dir genau an. . . und frage ihn, was du von ihm wissen willst. . .
  Was antwortet er dir. . .?
  Verabschiede dich nun langsam vom Land des Friedens, dreh dich um und geh langsam wieder zum Tor, schau dich noch einmal um und dann geh wieder zurück über die Wiese zum Zug und fahre wieder die weite und lange Strecke zurück. . .«

Analog könnte man die Phantasiereise machen mit den Begriffen: »Land der Freiheit« oder »Paradies«.

4.5. Kunst/Bildnerisches Gestalten

4.5.1. Aspekte eines gestaltpädagogischen Kunstunterrichts

Die besondere Bedeutung des Faches Kunst/Bildnerisches Gestalten in der Schule hat verschiedene Gründe. Zunächst rangiert es gleichwertig neben den anderen Fächern, indem Leistungen gefordert und benotet werden. In Übereinstimmung mit den anderen Fächern gilt in der Regel die (unausgesprochene) Norm von »Richtig-Falsch« als Orientierung für die Schüler. Die Schüler ihrerseits haben diese Norm weitgehend verinnerlicht und entwickeln ein »Bedürfnis« nach deutlichen Kriterien für die Norm »Richtig-Falsch« oder »künstlerisch wertvoll bzw. wertlos«.

Gleichzeitig aber führt Kunst als Neben-Fach ein Schattendasein an unseren Schulen. Das liegt einerseits daran, daß es von den Schülern nicht so ernst genommen bzw. als Ausgleichsfach betrachtet wird. Zur Erreichung des angestrebten Schulabschlusses dient es in erster Linie als Lieferant für Punkte und gute Zensuren. Uns erscheint jedoch ein anderer Aspekt hierbei wesentlich wichtiger: der weitaus größte Teil des Kunstunterrichts an Grund-, Haupt-, Real- und Sonderschulen wird von Lehrern unterrichtet, die selbst ein gestörtes bzw. kontakt-loses Verhältnis zu diesem Fach haben. Aufgrund ihrer eigenen schulischen Sozialisation tragen sie die Kategorien »Richtig-Falsch« oder »künstlerisch wertvoll bzw. wertlos« fest in Kopf und Herz mit sich herum und in den Klassenraum hinein.

Unter gestaltpädagogischen Gesichtspunkten geht es uns daher bei der Darstellung des Faches Kunst/Bildnerisches Gestalten in erster Linie um das Aufbrechen der großen Distanziertheit zu Farben, Bildern und zum eigenen Schaffen bei Lehrern und Schülern. Im Kunstunterricht sollen Schüler zunächst lernen, mit Hilfe von Farben in Kontakt mit ihrer Befindlichkeit zu gelangen und ihre inneren Bilder nach außen zu bringen. Ohne das Bedürfnis von Schülern nach möglichst realitätsgetreuer Abbildung von Wirklichkeit unterdrücken oder abwerten zu wollen, geht es uns vor allem darum, das innere Erleben lebendig zu machen und diesen Teil des Selbst in Form von Bildern nach außen zu projizieren. Ein solcher Kunstunterricht würde Schülern die Möglichkeit eröffnen, ihre eigene Befindlichkeit bewußter wahrzunehmen, zu verarbeiten und – was besonders wichtig ist – vor sich selbst ernst zu nehmen.

Wenn es uns gelänge, den Kunstunterricht als Chance zum Selbstausdruck, zur Selbst-Erfahrung und zur Selbst-Kenntnis zu nutzen, wäre eine gute Grundlage geschaffen für die Realisierung eines ebenso wichtigen Aspekts: Kunst als Mittel der Kommunikation. In Begriffen der Gestaltpädagogik: Selbstausdruck, Selbsterfahrung und Selbsterkenntnis als Grundlage für die Herstellung von Kontakt und Begegnung mit anderen Menschen und Dingen unserer Welt.

Die folgenden Zielsetzungen könnten dabei leitend sein:

- Ermöglichung individueller Erfahrung und Entfaltung im Umgang mit Farben, Ton und anderen künstlerischen Materialien;
- Entfaltung kreativer Verhaltensweisen zur Erweiterung der individuellen und gesellschaftlichen Möglichkeiten;
- Schulung der Phantasie in Verbindung mit planerischem Handeln;
- Annäherung an historische Zusammenhänge anhand von künstlerischen Dokumenten.

4.5.2. Unterrichtsbeispiel und Kommentar

Mit der folgenden Unterrichtssequenz wenden wir uns vor allem an Lehrer/innen, die – wie oben skizziert – selbst Schwierigkeiten im Umgang mit Farben und Bildern haben und einen neuen Einstieg probieren wollen. Ziel dieser Sequenz ist es, das Vertrauen in die eigenen künstlerischen Fähigkeiten und Bedürfnisse zu aktivieren und darüber in Beziehung zueinander treten.

1. STUNDE:

Der Lehrer verteilt Zeichenblätter DIN A 3 und für je zwei Schüler einen Satz Wachsmalstifte. Wenn alle Schüler das Material vor sich liegen haben, betont der Lehrer, daß keiner die folgende Aufgabe erfüllen muß. Alle Schüler werden gebeten, ihm zunächst zuzuhören, um erst dann zu entscheiden, ob sie mitmachen wollen oder nicht.

Kommentar:
Diese Reihenfolge (erst das Material, dann Erklärung und erst dann die Entscheidung) ist zu empfehlen, damit erst einmal alle Schüler, d.h. auch die, die spontan eine Abwehr gegen das Malen haben, mit dem Material konfrontiert sind und zuhören, worum es geht. Wenn sie dieses Mal nicht mitmachen, vielleicht machen sie dann beim nächsten Mal mit – das Material und der Spaß der Mitschüler sind ansteckend!

Instruktion:
»Setzt euch mal ganz bequem auf euren Stuhl; wenn ihr Lust habt, könnt ihr dabei auch für einen Moment die Augen zumachen. Dann überlegt mal für euch, wie groß das Bild sein soll, das ihr jetzt malen wollt! Wenn ihr ein kleines Bild malen wollt, dann faltet das Blatt einmal; wollt ihr ein großes Bild malen, dann laßt es so, wie es ist.
Dann achtet auf zweierlei:
versucht solange zu malen, bis das ganze Blatt voller Farbe ist und achtet darauf, daß alle Farben auf dem Blatt vorkommen. Ihr könnt malen, was ihr wollt. Ihr könnt gegenständlich malen oder ihr nehmt die Stifte und malt, wie es gerade aus euch herauskommt. Ihr könnt bei dieser Aufgabe nichts falsch machen!
Ihr habt ungefähr 20 Minuten Zeit. Wenn 15 Minuten herum sind, werde ich euch Bescheid sagen und wir können sehen, wieviel Zeit ihr noch braucht.«

Kommentar:
Die meisten Schüler machen diese Aufgabe gern und fangen sofort an. Selbst Schüler, die sich gegen die Aufgabe entschieden haben, werden wankend und manche machen dann doch mit. In diesen Fällen wirkt es sich positiv aus, daß das Material bereits fertig auf ihrem Tisch liegt und sie wirklich sofort anfangen können. Schwierigkeiten treten gegen Ende der Malzeit auf. Zum Schluß wird es manchen zu anstrengend, sie merken, sie haben sich für eine zu große Fläche entschieden oder sie haben einfach keine Lust mehr. Wichtig ist hier, nicht formal auf Fertigstellung zu dringen, sondern auch Unvollständiges zu akzeptieren.
Wenn die Schüler mit ihrem Bild fertig sind bzw. aufhören wollen, hängen sie ihr Blatt an die Wand und jeder hat Gelegenheit, sich die fertigen Bilder anzuschauen, Fragen zu stellen usw. Ca. 10 Schüler (Auswahl nach Zufall oder beliebigen anderen Kriterien) haben die Möglichkeit, sich ein oder zwei Mitschüler auszuwählen, die etwas Positives zu dem jeweiligen Bild sagen können.

Kommentar:
Diese Vorgehensweise beinhaltet verschiedene Aspekte:
Der einzelne Schüler tritt heraus aus der Ebene der eigenen Selbst-Wahrnehmung und bringt mit Hilfe seines Bildes einen Teil seines Inneren nach außen; die Schüler lernen dabei sich selbst und die anderen besser kennen. Für viele Schüler hat das öffentliche Aufhängen des eigenen Bildes den Charakter einer Grenzüberschreitung; der Lehrer sollte daher die Schüler darauf hinweisen, daß sie ihr Bild nur dann aufhängen, wenn sie es gern wollen.
Eine gute Möglichkeit zur Intensivierung bzw. Klärung der persönlichen Beziehungen untereinander ist die Wahl zweier Mitschüler, die sich positiv zu dem Bild äußern. Diese Vorgehensweise ähnelt einem Soziogramm und ermöglicht Feedback-Prozesse auf einer sachorientierten Ebene (vgl. 3.3.). Der Schüler, der sein Bild vorstellt, bringt zum Ausdruck, welche beiden Schüler für ihn in dieser Situation am wichtigsten sind; die beiden ausgewählten Schüler haben ihrerseits die Möglichkeit, ihre Nähe bzw. Distanz zu dem Schüler zu bestimmen.
Die Aufforderung, sich positiv zu dem Bild zu äußern, empfehlen wir am Anfang solcher Unterrichtssequenzen. Wir haben die Erfahrung gemacht, daß nicht nur die Erwachsenen, sondern auch Schüler mit dem Geben und Empfangen von positiven Feedbacks mehr Schwierigkeiten haben als mit negativen. Mittel- und langfristig geht es darum, beim Geben von Feedback auf ein ausgewogenes Verhältnis von positiven und negativen Feedbacks zu achten.

2. STUNDE

In der zweiten Stunde geht es um die Klärung der persönlichen Beziehung der Schüler zu bestimmten Farben. Zunächst ist das Vorgehen ähnlich wie in der ersten Stunde: die Materialien liegen vor den Schülern auf dem Tisch und sie entscheiden sich für die Größe ihres Blattes. Im Unterschied zur ersten Stunde haben sie diesmal die Wahl zwischen Wachsmalstiften und Wasserfarben mit Pinsel.
Wieder bittet der Lehrer die Schüler darum, sich erst anzuhören, was gemacht werden soll und danach zu entscheiden, ob sie mitmachen wollen oder nicht.

Instruktion:
»Laßt mal einen Moment die verschiedenen Farben auf euch wirken. Achtet mal darauf, zu welchen Farben ihr euch hingezogen fühlt und welche euch nicht so gefallen. Fangt dann einfach an zu malen und laßt

euch dabei ganz von euren Gefühlen leiten. Es geht nicht darum, einen Plan auszuführen, den ihr im Kopf habt. Nehmt einen Stift oder den Pinsel und malt, wie es gerade aus eurer Hand herauskommt.«
Bei der Auswertung dieser Stunde steht die persönliche Beziehung der Schüler zu bestimmten Farben im Mittelpunkt.
Die Klärung von Vorlieben bzw. Abneigungen gegenüber Farben ist eine weitere Möglichkeit für Schüler, mit sich selbst und anderen in Kontakt zu kommen.

Instruktion:
»Betrachtet bitte noch einmal genau euer Bild und benennt die Farbe, die ihr am meisten mögt und die Farbe, die euch am wenigsten gefällt.«
Die aus der Gestalttherapie übernommene Methode der »Identifikation« (vgl. auch 3.1.) unterstützt diesen Prozeß. Der Lehrer schlägt den Schülern vor, sich auf ein Experiment einzulassen und zu versuchen, sich mit den von ihnen ausgewählten Farben zu identifizieren.

Instruktion:
»Wer Lust hat, kann ein Experiment machen. Das geht so: die Farbe ›rot‹ hat z.B. für euch eine positive Bedeutung. Also tut ihr mal so, als ob ihr selbst diese Farbe seid und beschreibt euch und erzählt etwas über euch als Farbe rot; z.B. so:
›Ich bin die Farbe rot. Ich bin bei den Menschen sehr beliebt; sie sagen, ich sei die Liebe; darüber freue ich mich natürlich sehr; ich selbst finde mich auch schön, mich gibt es überall, in den Gärten, in den Häusern, in der Kleidung und in Büchern. . . usw.‹ «

Kommentar:
Diese Übung macht den meisten Schülern Spaß; wenn sich erst einer oder zwei getraut haben, merken sie, wie lustig diese Identifikation sein kann, aber auch, daß es Ähnlichkeiten gibt zwischen der Person und der Farbe, die sie gewählt hat. Auch hier wird in einem ersten Schritt der Kontakt zwischen der einzelnen Person und den von ihr gewählten Farben hergestellt (Malen und Auswählen der Farben); in einem zweiten Schritt wird mit Hilfe der Identifikation diese Beziehung noch verstärkt und zugleich eine Möglichkeit geschaffen, sich über das eigene Verhältnis zu Farben mit den Mitschülern in Beziehung zu setzen.
Hinsichtlich der Ähnlichkeit zwischen der Person und der von ihr gewählten Farbe empfehlen wir folgendes Vorgehen:
A. führt die Identifikationsübung durch; dann hat zunächst A. selbst die Möglichkeit, Ähnlichkeiten und Unterschiede zwischen sich selbst und

sich als Farbe zu benennen; erst danach erhalten die Mitschüler Gelegenheit, A. mitzuteilen, wo sie Übereinstimmungen und Unterschiede sehen. Die von uns angestrebte »Begegnung« zwischen den Schülern findet jedoch nur dann statt, wenn die Schüler lernen, daß es hierbei keine »richtigen« oder »falschen« Beobachtungen gibt, sondern daß verschiedene Mitschüler auch z.T. ganz verschiedene Ähnlichkeiten und Unterschiede sehen. Diese Fähigkeit zur Respektierung der Beobachtungen anderer als gleichwertig ist eine wichtige Grundlage für einen gemeinsamen Wachstumsprozeß aller Schüler; zur Einübung dieser Fähigkeit empfehlen wir daher auch, bei den Identifikationsübungen zunächst mit den positiven Farben zu beginnen, weil die Identifikation mit den negativen Farben schon höhere Anforderungen an gegenseitige Toleranz unter den Schülern erfordert.

3. STUNDE

In der dritten Stunde steht eine Gruppenarbeit im Mittelpunkt. Es geht darum, daß jeweils 6–10 Schüler zusammen ein großes Bild malen. Je nach Klassengröße bilden die Schüler eine oder mehrere Gruppen zu 6, 8 oder 10 Schülern; eine gerade Zahl sollte es sein, weil später die Blätter der einzelnen Gruppenmitglieder zu einem großen Blatt zusammengeklebt werden (bei ungerader Schülerzahl kann der Lehrer selbst mitmachen).

Instruktion:
»Ihr habt euch jetzt in Gruppen zusammengefunden. Eure Aufgabe wird es sein, ein großes Gruppenbild zu malen. Zunächst möchte ich euch bitten, eure DIN A3-Blätter so zusammenzukleben, daß eine große leere Malfläche entsteht; achtet darauf, daß ihr euer Blatt möglichst in einer »Nachbarschaft« unterbringt, wo ihr euch auch wohlfühlt, d.h. guckt genau, wer ist links von euch, wer rechts und wer ist gegenüber? Wenn ihr nicht zufrieden seid, sage ich euch, wie ich mir das mit dem Gruppenbild vorstelle.«

Kommentar:
In dieser Stunde geht es von Anfang an um ein gemeinsames Projekt. Die Gruppe und ihre Dynamik stehen im Vordergrund. Die Aufforderung, den Platz für das eigene Blatt genau auszusuchen, ermöglicht jedem Schüler eine »stille« Beziehungserklärung zu den Mitgliedern seiner Gruppe. Wenn er/sie mit seinem/ihrem Platz unzufrieden ist, muß er/sie entscheiden, wie wichtig ihm/ihr eine Veränderung ist. Die

meisten Schüler werden dabei die Erfahrung machen, daß es kaum möglich ist, nur »liebe« Nachbarn zu haben und daß man auch mit den anderen leben und letztlich ein schönes Bild zusammen malen kann. Wenn die Schüler sich ernsthaft darauf einlassen, konfrontieren sie sich selbst mit ihren Vorlieben und Abneigungen gegenüber den Mitschülern. Sind sie mit ihrem Platz nicht zufrieden, müssen sie abwägen: ist ihnen eine Veränderung ganz wichtig, müssen sie aktiv werden; ist es ihnen jedoch nicht so wichtig, werden sie ihren Platz akzeptieren.
Jeder sitzt nun vor seinem Blatt und hat sein Malwerkzeug (Stifte oder Wasserfarben mit Pinsel) vor sich und der Lehrer gibt die Erläuterungen für das Malen des Gruppenbildes:

Instruktion:
»Nehmt euch nun Zeit, jeder für sich, und findet heraus, was ihr gern malen wollt und fangt dann an, auf eurem eigenen Blatt zu arbeiten. Ihr könnt gegenständlich malen, ihr könnt aber genauso malen, wie es aus eurer Hand herauskommt. Achtet besonders darauf, wie ihr mit der Grenze zu eurem Nachbarn umgeht; alles andere kann sich dann nach und nach entwickeln.«
Die fertigen Gruppenbilder werden dann an der Wand aufgehängt, so daß jeder sie betrachten kann. Nach unserer Erfahrung entstehen meistens Bilder, von denen fast alle Schüler beeindruckt sind; auch die, die eher eine Abneigung gegen das Fach haben, haben das Gefühl, daß sie ja doch malen können. Die Auswertung geschieht ebenfalls unter dem Gesichtspunkt der Gruppendynamik. Einzelne Schüler berichten, wie es ihnen beim Malen ergangen ist. Sie werden aufgefordert, vor allem von ihren Erfahrungen an der Grenze zu den Nachbarn zu erzählen. Wir empfehlen hier, die Schüler in einen Dialog treten zu lassen:

Beispiel:
A. berichtet erst über seine Erfahrungen zu Beginn des Malens (fiel es ihm schwer anzufangen oder hatte er gleich eine Idee? Wie kam er mit dem Material zurecht? usw.).
Wenn er dann über die Erfahrungen mit seinen Nachbarn erzählt, wird er aufgefordert, den jeweiligen Nachbarn anzusprechen; z.B.: »Als ich dann in die Nähe deines Blattes kam, habe ich erst mal zu dir rübergeguckt; aber du warst so beschäftigt und hast mich gar nicht bemerkt. Ich habe daraufhin erstmal an einer anderen Stelle meines Bildes weitergemalt; als wir uns dann später an unserer Grenze trafen, fand ich deine Idee mit dem Fluß entlang der Grenze gut.«

Kommentar:
Diese Form der Auswertung ermöglicht eine intensive Beziehungserklärung vor dem Hintergrund eines gemeinsamen Malerlebnisses. Da die Nachbarschaft zu dem einen oder anderen Mitschüler eher unfreiwillig war, fällt es vielen Schülern schwer, in den direkten Dialog zu treten. Der Lehrer sollte daher bei dieser Auswertung darauf achten, daß zunächst nur die Schüler berichten, die das gern wollen.
Für den gruppendynamisch geübten Lehrer ergibt sich im Rahmen der Dialoge zwischen zwei Schülern die Möglichkeit, die Erfahrungen der beiden beim Malen des Bildes auf ihre Alltagserfahrungen zu übertragen. Um beim obigen Beispiel zu bleiben, könnte der Lehrer sagen:
»Du hast gesagt, daß der X dich gar nicht bemerkt hat, als du das erste Mal an eurer Grenze warst. Wie ist das denn im normalen Schulalltag, hast du da viel Kontakt zu X oder wenig?«
Dies könnte der Abschluß einer ersten Unterrichtssequenz zum Einstieg in den Umgang mit Bildern und Farben sein. Wie die Beispiele zeigen, ergeben sich viele verschiedene Möglichkeiten, über diese Bilder die Kommunikation und das Kennenlernen zwischen den Schülern zu intensivieren. Folgende Anregungen könnten noch in den Ablauf dieser Sequenz einbezogen werden:

- Während der Malphasen kann unterstützend Meditationsmusik eingespielt werden (Kitaro, Vanglis u.a.).
- Eine »Klassenmappe« kann angelegt werden, d.h. aus jeder Serie wird ein einziges Bild ausgewählt, das in die Klassenmappe kommt. Die Schüler können Vorschläge machen, welches Bild sie am schönsten finden. Wichtig an diesem Vorgehen ist, daß die Schüler lernen, eine eigene Meinung zu haben, diese erklären können und andere Meinungen gleich wichtig anerkennen. Der Entscheidungsprozeß über die Auswahl der jeweils »schönsten« Bilder bietet darüberhinaus die Möglichkeit, nicht nur nach dem Mehrheitskriterium zu entscheiden, sondern andere Kriterien zu erproben (einer hat Geburtstag und darf entscheiden, einer hat die beste Mathe-Arbeit geschrieben und darf entscheiden usw.). Solche andersartigen Kriterien lassen die Schüler spüren, daß Bewertungen wie z.B. »schönstes Bild« nicht nur objektiven, sondern auch sehr stark subjektiven Kriterien unterliegen.

4.5.3. Weitere Unterrichtsbeispiele bzw. Anregungen

Collage zum Thema »Ich«

- Entspannung; anschließend Phantasiereise zum eigenen Ich: »... laß deine Gedanken und Gefühle in die Welt schweifen und suche dein *Ich*... irgendwann findest du es... wo findest du es? Wie sieht es aus?...
- Die Schüler versuchen anschließend, das *Ich*, das sie gefunden haben, in Form einer Collage darzustellen.
- Die fertigen Collagen werden im Klassenraum aufgehängt wie auf einer Ausstellung; jeder kann die Ausstellung betrachten und gucken, ob er andere »*Ichs*« findet, die seinem *Ich* ähnlich sind.
- Die *Ichs* der Jungen und die der Mädchen können miteinander verglichen werden.
- Auswertung im Gruppengespräch (s.o.).

Bild zum Thema »Mein Leben in der Schule«

- Ca. 2minütige Entspannungs- bzw. Konzentrationsphase, nachdem die technischen Voraussetzungen abgeschlossen sind: die Schüler sitzen vor ihrem Blatt, haben die Augen geschlossen und konzentrieren sich auf sich selbst.
- Der Lehrer gibt das Thema: »Versuche, mit Farben und Formen auszudrücken, wie du dein Leben in der Schule empfindest; drücke deine Gefühle und dein Befinden aus, wie immer das für dich gut ist«.
- Man kann dann die Anregung geben, daß die Schüler sich an ein freudiges und an ein trauriges Ereignis erinnern, das sie in dieser Schule erlebt haben und ihnen vorschlagen, diese Ereignisse eventuell in ihr Bild einzubeziehen.
- Der Lehrer kann nach der Vorphase Musik einschalten und die Instruktion geben, den Einfluß der Musik auf das Empfinden zu spüren und diesem Empfinden malerisch Ausdruck verleihen.
- Man kann auch Abschnitte mit unterschiedlichem Temperament oder verschiedenartiger Musik (Rock, Klassik, Meditationsmusik, Folk usw.) spielen.

Auswertung

- Die Schüler hängen ihre Bilder an die Wand und veranstalten eine kleine Ausstellung.

- Diejenigen, die Lust haben, stellen ihr Bild vor und erzählen der Gruppe anhand ihres Bildes, wie es ihnen in der Schule geht.

Hierzu einige Hinweise:
- Derjenige, der sein Bild vorstellt, sollte unbedingt neben seinem Bild sein und alles, was er erzählt, mit den Fingern umfahren. Ansonsten ist die Gefahr sehr groß, daß – zur Verständigung, um welchen Teil es gerade geht, sowohl von den Teilnehmern als auch vom Künstler – in Symbolen gesprochen und damit eine unzulässige Festlegung getroffen wird.
- Beim Vorschlag, sich mit dem Bild bzw. einem Teil des Bildes zu identifizieren, sollte man sich ruhig von seiner eigenen Neugierde leiten lassen.

4.6. Physik

Da wir bisher keine Unterrichtsbeispiele aus dem naturwissenschaftlichen Bereich zur Verfügung hatten, sind wir unserem Kollegen Max *Witte*[1] dankbar für den folgenden Erfahrungsbericht, in dem er den Versuch macht, gestaltpädagogische Vorgehensweisen im Physikunterricht zu skizzieren.

Eine Physikstunde zum Thema »Kraft«

Einige Bemerkungen zum physikalischen Kraftbegriff

Beim Hören oder Lesen des Wortes »Kraft« hat jeder Mensch ganz bestimmte Assoziationen, und es gibt wahrscheinlich nicht zwei Menschen mit einer völlig identischen Vorstellung. Ich vermute aber, daß alle diese Assoziationen eines gemeinsam haben: Kraft ist sinnlich wahrnehmbar, womöglich »zum Anfassen«, einer Messung sich entziehend. Es wäre absurd, mit zu vielen verschiedenen Vorstellungen von Kraft wissenschaftlich zu arbeiten. Daher haben die Physiker im

1) Gestaltpädagogik-Ausbildung am Gestalt-Zentrum Berlin

Laufe der Jahrhunderte diese Assoziationen normiert, indem sie den Begriff all dessen beraubten, was mit subjektivem Empfinden zu tun hat. Den historischen Prozeß der Genese des Kraftbegriffs von Aristoteles, Philoponos, Galilei, Newton bis zur modernen Auffassung nachzuvollziehen, lohnt sich, würde aber an dieser Stelle wie auch im Physikunterricht zu weit führen[1].
Wesentlich an diesem Prozeß ist die Loslösung der Vorstellung von Kraft als etwas Dinglichem: ». . . Kraft ist die Ursache für die Änderungen des Bewegungszustandes oder der Form. . .« lese ich in einem neueren Schulbuch[2]. Der Begriff ist endlich so zugerichtet, daß er als Buchstabe F in der Formel $F = m \cdot a$ erscheinen kann. Diese Vorgehensweise ist typisch für Physik wie für viele andere Wissenschaften. Ich bin der Meinung, daß die Medaille »Begriffsreinigung« zwei Seiten hat. Gewonnen habe ich, daß ich z.B. ausrechnen kann, wie lang ich mein Seil machen muß, um aus einem Brunnen Wasser zu holen, nachdem ich einen Stein hineingeworfen und die Fallzeit gemessen habe. Verloren habe ich das Erleben der Natur als etwas Lebendigem.

Durchführung

Ich will im folgenden versuchen, ein Konglomerat von dem zu finden, wie ich eine Doppelstunde (90 Min.) geplant habe und wie sie nachher tatsächlich stattfand. Die Schüler waren in meinem Falle Erwachsene, die das Abitur nachholten.

1. Phase (10 Min): Entspannung
L.: »Schließe die Augen und achte darauf, wie du einatmest und dann ausatmest. Entspanne deinen Körper, einen Körperteil nach dem anderen. Beginne mit deinen Zehen und laß sie ganz locker und entspannt werden. Entspanne dann den Rest deines Fußes zusammen mit dem Fußgelenk, und du kannst fühlen, daß sich die Entspannung nach oben hin fortsetzt, zu den Waden und zu den Knien. . .« usw.
Diese meines Wissens aus der Hypnose-Therapie stammende Technik hat, abgesehen von der körperlich wohltuenden Wirkung, den Sinn, Geist-Verstand-Seele zu »öffnen«, imaginativer und kreativer zu

---

1) Rohbeck, J. 1985
2) Bergmann/Schelper, 1977

machen[1]. Dies muß den Schülern *vorher* klargemacht werden. Sie müssen wissen, worauf sie sich einlassen.

2. Phase (10 Min.): Phantasiereise
L.: »Achte nun darauf, was mit dir passiert, wenn du das Wort ›Kraft‹ hörst! Welche Gedankenassoziationen löst es bei dir aus, welche Gefühle? Welche Bilder siehst du?«
– Pause –
L.: »Versuche nun, alle deine Vorstellungen von Kraft in einem einzigen Bild zu konzentrieren und betrachte dieses Bild genau.«
– Pause –
L.: »Löse dich nun von deinem Bild und komme in dem Tempo, das gut für dich ist, wieder zurück in diesen Raum und in diese Zeit. Baue in deinem Körper wieder die Spannungen auf, die du brauchst, um frisch durch den Tag zu gehen. Öffne dann die Augen, gähne und rekle dich.«

In dieser Phase dauern die Pausen am längsten, in denen die Schüler ihre Phantasiereise erleben. Wichtig finde ich übrigens die Anweisung »Baue in deinem Körper die Spannungen auf. . .«, ohne die nach meiner Erfahrung am Ende eine bleierne Schwere und Müdigkeit beim Reisenden zurückbleibt.

3. Phase (20 Min.): Die Runde
Schüler und Lehrer bilden einen Kreis. Die Schüler erzählen der Reihe nach von ihren Bildern.
Nach meiner Erfahrung ist es etwas anderes, eine Phantasiereise zu *erleben* als sie zu *erzählen*. Trotzdem ist die Runde wichtig, denn sie stellt wieder die Begegnung zwischen Lehrer und Schüler und zwischen den Schülern her, während die Entspannungsphase ja eine Art »Egotrip« ist. Bei der Runde, in der von mir durchgeführten Stunde, war am Ende *ein* ganz dichtes, lebendiges Bild von Kraft geschaffen, bestehend aus den einzelnen Bildern aller Schüler, in dem Löwen, Bären, Wasserfälle u.ä. vorkamen. Die Schüler hatten gewissermaßen alle zusammen ein großes Bild gemalt!

4. Phase (20 Min.): Kontakt mit dem physikalischen Kraftbegriff
L. verteilt aus Schulbüchern, Lexika u.ä. herausfotokopierte Definitionen zum physikalischen Kraftbegriff. Die Schüler arbeiten einzeln einen

---

1) Master/Houston, 1984

oder mehrere Texte durch und tauschen ihre Erfahrungen in Kleingruppen aus.
Die Stunde ist so angelegt, daß der Kontakt der Schüler zum physikalischen Begriff erst ein vorläufiger ist. Wichtig in dieser Stunde ist der *Unterschied* zwischen natürlichem und physikalischem Kraftbegriff. Ich glaube, daß dieser Unterschied durch das Hintereinander von Phantasiereise und Literaturstudium besonders drastisch zu Tage tritt.

5. Phase (30 Min): Unterrichtsgespräch über den Unterschied
L.: »Es gibt, glaube ich, zwei unterschiedliche Vorstellungen davon, was Kraft ist: eine subjektive, bildhafte und die der Physik. Ich schlage vor, wir versuchen den Unterschied beider Vorstellungen dadurch herauszufinden, daß wir das Gemeinsame aller eurer Bilder zu Kraft herausfinden, wie das Gemeinsame aller physikalischen Definitionen.«
Eine Auflistung an der Tafel kann in dieser Phase hilfreich sein:

Persönliche Vorstellung von Kraft:	Vorstellung der Physik von Kraft:

Anregungen zum weiteren Fortgang der Unterrichtseinheit
Der physikalische Kraftbegriff bedarf nach dieser Stunde unbedingt noch eine Klärung. Zum besseren Verständnis der oben angegebenen Definition kann beitragen, daß sich die Schüler Situationen vergegenwärtigen, bei denen sie Änderungen des Bewegungszustandes und der Form am eigenen Leibe erleben. Es scheint mir sinnvoll, hierbei zwischen Kräften zu unterscheiden, die vom Schüler nach außen gerichtet sind (beim Kugelstoßen, Verbiegen eines Expanders usw.) und solchen, die von außen auf den Schüler einwirken (beim Fallen, Karussellfahren usw.). In jedem Falle sind Formulierungen wie »Ich habe Kraft« oder »In meinen Muskeln ist Kraft« zu vermeiden, weil in ihnen die dinghafte Vorstellung von Kraft versteckt ist.

5. Zur Entwicklung einer gestaltpädagogischen Lehrerhaltung

Da wir an verschiedenen Stellen dieses Buchs wiederholt darauf hingewiesen haben, daß sich das Wesen gestaltpädagogischen Unterrichtens nicht allein aus einer Auflistung von Methoden und dem Nachvollzug von Unterrichtsbeispielen erfassen läßt, sondern vor dem Hintergrund einer gestaltpädagogischen Lehrerhaltung gesehen werden muß, wird sich der Leser fragen, worin diese Haltung denn nun besteht. Wir möchten hierzu einige Hinweise geben.

Persönliches Wachstum

Grundlegend für die Gestaltpädagogik ist die Einsicht, daß ein veränderter Unterricht eine Veränderung der Person des Lehrers erfordert. Ausgelöst durch berufliche und/oder private Unzufriedenheit beginnen Lehrer häufig, sich stärker mit sich selbst zu beschäftigen. Sie machen die Erfahrung, daß ihnen viele Möglichkeiten der persönlichen Entwicklung und Selbst-Entfaltung offenstehen. Die Neu- bzw. Wiederentdeckung von Intuition, Kreativität, das Empfinden und Ausdrücken von Gefühlen, sich einfühlen in die Gedanken- und Erlebniswelt anderer Menschen u.ä. erleben viele als eine Bereicherung ihres Daseins. Diese persönliche Veränderung wirkt sich auch auf den schulischen Bereich aus:
Das Bewußtsein über eigene Lehr- und Lernmuster sowie die Fähigkeit zu sensiblem Kontakt mit der Unterrichtssituation, sind Ausdruck einer gestaltpädagogischen Lehrerhaltung. Ein solcher Wachstumsprozeß zieht sich über Jahre hin und gelangt letztlich nie an ein Ende.

Änderung des Unterrichtsstils

Die bewußte Entscheidung des Lehrers, wieder selbst Lernender sein zu wollen, bringt ihn auf natürliche Weise in Kontakt mit seinen Schülern. Ein Lehrer, der sich selbst zugesteht, bestimmte Interessen und Vorlieben zu haben, manche Dinge gut zu können und andere schlecht, manche Unterrichtsinhalte mit Freude vorzubereiten und durchzuführen, sich vor anderen dagegen zu drücken, manche Schüler zu mögen und andere abzulehnen, sich mal sicher und mal unsicher zu fühlen, ein solcher Lehrer braucht nicht viel Mühe, genau dies auch seinen Schülern zuzugestehen. Ein solcher Lehrer hat wieder die Möglichkeit, seine Schüler in erster Linie als Menschen zu sehen und von den Schülern als Mensch gesehen zu werden.

Dies zeigt sich auch in einer veränderten Herangehensweise bei der Planung und Durchführung von Unterricht. Wie aus unseren exemplarischen Unterrichtsbeispielen in Kapitel 4 hervorgeht, bleibt auch bei einem gestaltpädagogischen Unterricht die detaillierte Planung ein wesentliches Element. Die Änderung des Unterrichtsstils zeigt sich u.a. darin, daß der Lehrer fähig ist, spontan, kreativ und flexibel mit seiner Planung und den Bedürfnissen der Schüler umzugehen.

Mut zum Risiko

Das Risiko einer gestaltpädagogischen Lehrerhaltung besteht n.a. darin, daß der Lehrer als Begleiterscheinung bei der Suche nach neuen Wegen zunächst auch fachliche und persönliche Unsicherheit erleben wird. Die Bereitschaft, einen eventuellen Autoritätsverlust bei Schülern und Kollegen bzw. Konflikte mit Schulleitung und Schulaufsicht in Kauf zu nehmen, ist für uns eine Bedingung für die Entwicklung einer veränderten Lehrerhaltung. Die Veränderung besteht nicht darin, daß dem Lehrer ab sofort Anerkennung von seiten der Schüler, Eltern, Kollegen und Schulbehörde egal sind, sondern daß er die Erfahrung integriert hat, daß auch Nichtanerkennung oder Konflikte notwendige Bestandteile einer lebendigen Schule darstellen.

Wie kann man eine gestaltpädagogische Lehrerhaltung entwickeln?

Die Kriterien, die wir oben genannt haben, geben Umrisse einer gestaltpädagogischen Lehrerhaltung an, die von jedem auf seine persönlich geprägte Weise ausgefüllt werden müssen. Insofern gibt es »die« gestaltpädagogische Lehrerhaltung nicht. Vielmehr werden sich in Anlehnung an diesen groben Rahmen sehr viele unterschiedliche, individuell geprägte Haltungen entwickeln.

Es gibt sehr viele verschiedene Möglichkeiten. Dennoch möchten wir aus unserer Sicht einige Anregungen geben.

- Eine Möglichkeit besteht darin, daß man – angeregt durch unsere Ausführungen – an das Experimentieren mit einzelnen Übungen und Vorschlägen herangeht. Dabei wird man schnell die Erfahrung machen, daß viele Übungen eigene Erfahrungen voraussetzen. Dieser Mangel läßt sich überbrücken, indem man sich interessierte Kollegen sucht und mit ihnen veränderte unterrichtliche Vorgehensweisen erprobt. Auf diese Weise kann sowohl die gängige Vereinzelung des Lehrers als »Einzelkämpfer« überwunden werden, als auch ein gangbarer Ausweg aus dem häufig zu beobachtenden Erstarren in Berufsroutine gefunden werden. Die Methoden und Übungen der Gestaltpädagogik können dabei eine Unterstützung geben, um zwischen Kollegen eine Kommunikation zu ermöglichen, die offener und direkter ist als dies im normalen Schulbetrieb die Regel sein dürfte.
- Als besonders günstig für die Bildung einer solchen Kollegengruppe hat sich die Durchführung von Kollegenfahrten erwiesen. An einem Wochenende kann man sich, fern der eingefahrenen Alltagszwänge und Verhaltensroutinen, auf eine persönlichere Art begegnen, indem man sich ohne Termindruck und sonstige Einschränkungen Zeit für den Austausch mit Kollegen nimmt. Günstig ist es, wenn man sich vorher auf ein gewisses Programm einigt, um zu gewährleisten, daß Raum bleibt für einen intensiveren Austausch, der über den Rahmen informeller, unverbindlicher Gespräche hinausgeht.

  Die Durchführung eines solchen Wochenendes kann einen großen persönlichen Einsatz erfordern, denn leider gilt immer noch, daß Lehrer überwiegend für sich allein arbeiten. Gemeinsame Planungen, ein persönlicher, offener Austausch untereinander findet selten statt. Ebenso ist das Bewußtsein von der Notwendigkeit von Fortbildungen häufig unterentwickelt. Die Programme vieler staatlicher Lehrerbildungsinstitutionen gehen zudem am Bedürfnis vieler Kollegen nach einem ungezwungenen, offenen Erfahrungsaustausch vorbei. Oft gilt gar manchen Schulleitern die Anmeldung zu einer Fortbildung aus dem psychosozialen Bereich als Indiz, daß dieser Kollege Schwierigkeiten mit seinen Schülern haben müsse.
  Zudem fühlen sich viele Kollegen im Rahmen offizieller Lehrerfortbildung dem Zugriff staatlicher Kontrolle ausgesetzt.

- Aus diesem und anderen Gründen hat sich ein privater Fortbildungs-

markt etabliert, der die Lücken staatlicher Fortbildungsangebote ausfüllt.
Eine Möglichkeit, Hilfen auf dem Weg zu einem persönlicheren Unterrichtsstil zu erhalten, besteht in der Teilnahme an einem bzw. mehreren Workshops.
Kollegengruppen, die entsprechende Anregungen erhalten und sich weiterentwickeln wollen, können von Fall zu Fall entsprechende Gruppentrainer zur Beratung heranziehen. Die Unterstützung durch einen Trainer, der nicht in die Beziehungsstruktur des Kollegiums verwoben ist, kann helfen, Anfangsschwierigkeiten bei der Suche nach neuen, befriedigenderen Wegen des Austauschs der Kollegen und der persönlichen Weiterentwicklung zu überwinden.

– Darüber hinaus bieten einige Institute mehrjährige Fortbildungen in Gestaltpädagogik an.
Die Autoren dieses Buches sind in der Fortbildung des Gestaltzentrums Berlin engagiert, die in Zusammenarbeit mit der Diesterweg-Hochschule der GEW Berlin und der TU Berlin durchgeführt wird. Das Gestaltzentrum Berlin ist ein Verein, der für die Mitglieder der Ausbildungsgruppen in allen Fragen die demokratische Mitbestimmung vorsieht.

Im Rahmen der Fortbildung über 3 bzw. 4 Jahre versuchen jeweils 12 Mitglieder einer Ausbildungsgruppe ihre Qualifikation im psychosozialen Bereich zu steigern, sich über ihre Berufssituation auszutauschen und neue Wege zu finden. Andere Strukturen haben das IGG Berlin und das FPI Mainz, die ähnliche Ausbildungen anbieten.

Für wichtig halten wir auch die Impulse, die von der TZI, der Freinetpädagogik, der Alternativschulbewegung und ähnlichen Ansätzen kommen.

Die Verankerung solcher Ansätze und Konzepte in ein kontinuierliches Weiterbildungsangebot für Lehrer ist eine wichtige Aufgabe für die nächsten Jahre. Der gegenwärtige Zustand, in dem die Weiterqualifizierung quasi Privatsache des Lehrers ist, muß insofern geändert werden, daß staatliche Fortbildungseinrichtungen ihrer Verpflichtung zu einer optimalen Weiterbildung der Lehrer nachkommen. Insofern kommt es darauf an, daß Lehrer ihr Bedürfnis nach Weiterbildung stärker artikulieren, um zu erreichen, daß die Teilnahme an aufwendigen Fortbildungen durch Unterrichtsbefreiung und einen Zuschuß zu den Kosten honoriert wird.

6. Gestaltpädagogische Perspektiven zur Veränderung der Institution Schule

Wenn Gestaltpädagogik auch einen zentralen Schwerpunkt auf die Unterstützung der persönlichen Entwicklung von Lehrern und Schülern legt, so darf darüber doch nicht die Notwendigkeit der Veränderung der Institution Schule aus dem Blickwinkel verlorengehen.

Die Umgestaltung der Institution in Hinblick auf eine größere Berücksichtigung der Interessen und Bedürfnisse von Lehrern und Schülern ist nur als ein dialogischer Prozeß denkbar, in dem die demokratischen Selbstbestimmungsrechte der am Lernprozeß Beteiligten erweitert werden.

Ganzheitliches Lernen und Lehren läßt sich also nicht auf die Integration von Ich-Wir-Es und Denken-Fühlen-Handeln reduzieren, sondern erfordert gleichzeitig einen Einbezug des gesellschaftlichen und ökologischen Umfeldes.

Gestaltpädagogik sieht u.a. folgende Ebenen, auf denen konkrete Schritte zur Veränderung der Institution angegangen werden können:

- Schulkritik,
- Beeinflussung des Schulklimas,
- Nutzbarmachung der Gestaltpädagogik zur Organisationsberatung,
- Bildung von Kollegengruppen.

Schulkritik

Paul GOODMAN[1], der führende Theoretiker der Gestalttherapie, hat in einer Vielzahl schulkritischer Schriften das öffentliche Schulsystem dezidiert kritisiert und die Notwendigkeit einer radikalen Veränderung der Institution Schule herausgearbeitet.

---

1) Vgl. GOODMAN 1975, BLANCKERTZ 1983

Wenn auch zum gegenwärtigen Zeitpunkt eine umfassende Veränderung der Institution Schule als sehr schwierig erscheint, so bleibt es doch wichtig, bei den kleineren Veränderungen des unterrichtlichen Alltags, Gestaltpädagogik als Instrument der Kritik der Schule zu nutzen. Die Methoden der Gestaltpädagogik sollen ja dazu dienen, Lehrern und Schülern bei der Entwicklung befriedigenderer Lernprozesse zu helfen und nicht zu einer sozialtechnologischen Verkleisterung der Widersprüche beitragen. Die Hierarchisierung des Aufsichtsschulsystems, sein Zwangscharakter, die Selektionsfunktion, die Normierung von Lernprozessen, die Überbetonung kognitiver Aspekte, die Abschottung von der Gesellschaft, die Vorherrschaft eines reduzierten Leistungsbegriffs – um nur einige Punkte zu nennen – stellen offensichtliche Mißstände der Schule dar, die uns immer wieder in den Blick geraten, wenn wir die Bedürfnisse der Schüler ernst nehmen. Die Entwicklung einer gestaltpädagogischen Orientierung des Unterrichts führt auch dazu, daß man diese Grenzen des öffentlichen Schulsystems stärker verspürt und die Notwendigkeit der schrittweisen Veränderung starrer Strukturen in vielfältigen Bereichen erkennt.

Gestaltpädagogik versucht so, die kurzfristig wahrnehmbaren Spielräume, die von Lehrern häufig noch zu wenig genutzt werden, auszufüllen und gleichzeitig die Richtung für grundlegende Veränderungen aufzuzeigen.

Beeinflussung des Schulklimas

Die Atmosphäre in unseren Klassen wird auf die Dauer nur dann grundlegend zu verbessern sein, wenn Maßnahmen ergriffen werden, die das gesamte Schulklima beeinflussen.

Hierzu gehört der Austausch mit Kollegen, Eltern und Schülern über mögliche Veränderungen. Ein kleiner Schritt könnte darin bestehen, das Klima auf Konferenzen durch eine stufenweise Einführung der TZI-Regeln zu verbessern.

Neben der Verbesserung der Kommunikation zwischen den verschiedenen Gruppen stellt eine Veränderung der räumlichen Struktur (in welchem Zustand befinden sich die Klassenzimmer? Sitzordnungen? Grünpflanzen? Inwieweit regen Räume zum Lernen an? usw.) sowie eine verstärkte Anbindung an das soziale und kulturelle Umfeld (Stichwort: community school) einen wichtigen Aspekt dar.

Ein erster Schritt kann – abseits aller anspruchsvollen Ziele – darin bestehen, offensichtliche Mißstände wahrzunehmen und zu artikulieren, anstatt sich in resignierter Selbstbescheidung abzufinden.

Nutzbarmachung der Gestaltpädagogik zur Organisationsberatung

NEVIS[1] sieht in den Methoden, wie sie von Gestaltpädagogik und Gestalttherapie verwendet werden, eine hervorragende Möglichkeit, die Organisationsberatung zu verbessern. Übertragen auf die Pädagogik bedeutet dies, daß Lehrer schrittweise dazu befähigt werden sollen, sich selbst als ihr eigenes Instrument zu nutzen. Indem sie sich selbst und anderen gegenüber offener werden, ihre widersprüchlichen Gefühle artikulieren, sind sie auch eher in der Lage, offensichtliche Mißstände in der Organisation und dem Klima der Schule wahrzunehmen. Eine Ursache mangelnder Effektivität der Institution Schule liegt sicher auch darin begründet, daß sie ohne eine entsprechende Organisationsberatung auskommen muß. Außenstehende Berater, die nicht in die komplizierten Abhängigkeitsbeziehungen der Institution integriert sind, können den Institutionsmitgliedern, vermittelt über Feedback, wichtige innovative Impulse geben und die Betriebsblindheit sowie verkrustete, persönliche Strukturen aufbrechen helfen.

Durch eine entsprechende Weiterqualifizierung von Kollegen könnte eine solche selbstkritische Reflexion der Institution zu einer Dauereinrichtung werden und die Qualität der Arbeit sowie die Berufszufriedenheit deutlich steigern.

Bildung von Kollegengruppen

Die beste Möglichkeit zur Innovation verkrusteter Strukturen in der Institution Schule besteht im Zusammenschluß von Kollegen, die an einer Veränderung interessiert sind. Im Vordergrund der Bemühungen sollte zunächst die Herstellung einer persönlicheren Ebene der Kommunikation und eines befriedigenderen Klimas stehen. Denn Veränderungen lassen sich nur angehen, wenn sie auch den Beteiligten Vorteile und nicht nur mehr Arbeit bringen.

---

1) Vgl. NEVIS 1983

Kollegengruppen, die sich über Workshops im Rahmen Humanistischer Pädagogik, der Freinetpädagogik und anderen Ansätzen qualifizieren, sind auch besser in der Lage, strukturelle Veränderungen in ihrer Institution einzuführen und durchzusetzen. Sie können sich gegenseitig Rückhalt geben und in Auseinandersetzungen mit Widerständen der Schulaufsicht eine »gewichtigere« Position entwickeln.

FRECH/KNIGGE-ILLNER/RUBEAU/ZEUNER haben ein Curriculum[1] für die Unterstützung von Kollegengruppen, die auf der Suche nach einem veränderten Unterricht und dem entsprechenden Unterrichtsstil sind, entwickelt. Dieses Curriculum basiert auf den Konzepten der Gestaltpädagogik und findet auch Verwendung in der Gestaltpädagogik des Gestaltzentrums Berlin.

Der Selbstqualifikation der Kollegen mit Hilfe der Gestaltpädagogik messen wir einen wichtigen Anteil an einer Veränderung der Institution Schule bei. Denn die Institution kann sich nur in dem Maße verändern, wie auch die in ihr tätigen Menschen zu einer Selbstveränderung bereit sind.

---

1) Dokumentiert in: KNIGGE-ILLNER/RUBEAU/SOMMER/VOLLMER 1983

7. Kommentierte Auswahlbibliographie

Im folgenden geben wir einen Überblick über die Bücher und Aufsätze, die uns besonders geeignet erscheinen, einen Einblick in Gestaltpädagogik und Humanistische Psychologie zu geben. Darüber hinaus verweisen wir auf Bücher mit Unterrichtsbeispielen und Übungen, die praxisnahe Anstöße für die Veränderung des eigenen Unterrichts geben.

1. Bücher zur Gestaltpädagogik

- *Brown/Petzold* (Hrsg.)
  Gefühl und Aktion. Flach KG. Frankfurt 1978
  Brauchbarer Reader zu den Anfängen der Gestaltpädagogik. Theoretiker und Praktiker berichten über erste Erfahrungen mit Gestaltmethoden im Unterricht.
- *Burow/Scherpp*
  Lernziel: Menschlichkeit. Gestaltpädagogik – eine Chance für Schule und Erziehung. Kösel, München 1981
  Überblicksartige Einführung in Theorie und Praxis von Gestalttherapie und Gestaltpädagogik. Exemplarische Unterrichtseinheit. Für diejenigen, die einen orientierenden Überblick wünschen.
- *Burow, O.A.*
  Der Beitrag der Gestaltpädagogik zur sozialen Kompetenz des Lehrers: Lehrertraining – Unterrichtskonzept – Organisationsentwicklung. Erscheint 1988
  Umfassende Untersuchung zur Beantwortung der Frage, was Gestaltpädagogik zur Förderung der sozialen Kompetenz des Lehrers beitragen kann. Detaillierte Darstellung des theoretischen Hintergrunds und des Entwickungsstandes der Gestaltpädagogik.
- *Gestaltpädagogik – Fortschritt oder Sackgasse?*
  Edition Diesterweg Hochschule Nr. 1, 1985
  Dokumentation einer Auseinandersetzung über die gesellschaftliche Relevanz von Gestaltpädagogik; gestaltpädagogische Positionen werden kritisch hinterfragt von Gewerkschaftern, Vertretern der Kritischen Psychologie und der Freinet-Pädagogik. Zu beziehen über: GEW Berlin, (1000 Berlin 30, Ahornstr. 5).
- *Petzold/Brown* (Hrsg.)
  Gestaltpädagogik. Pfeiffer. München 1977
  Reader, der eine Anzahl von Aufsätzen zur Gestaltpädagogik und confluent education aus dem deutschen und amerikanischen Raum versammelt. Die Beiträge heben sowohl auf Theorie wie auch auf Praxis ab.
- *Prengel, A.*
  Gestaltpädagogik. Beltz. Weinhein 1983
  Eine Sammlung von verschiedenen Aufsätzen zur Gestaltpädagogik, die auch verwandte Ansätze, wie die Freinet-Pädagogik und TZI einbeziehen.

2. Unterrichtsbeispiele und Übungen

Es gibt eine Fülle von Unterrichtsanregungen, die sich nicht direkt aus der Gestaltpädagogik ableiten, aber ähnliche Intentionen verfolgen. Hierzu eine kleine Auswahl:

- *Carrier, M. and The Centre for British Teachers*
  Take 5. CvK 1980. ISBN 3–464–01205–0.

-- *Gudjons, H.*
Praxis der Interaktionserziehung. Klinkhardt. Bad Heilbrunn 1978.
Sehr gute Einführung in die Praxis der Interaktionserziehung. 170 Seiten brauchbare Übungen.

– *Hessisches Institut für Lehrerfortbildung*
Materialien zur Gestaltpädagogik
Sammlung von Zeitschriftenaufsätzen zur Gestaltpädagogik. Fuldatal 1986.

– *Löffler/Kuntze*
Spiele im Englischunterricht 1 und 2
München 1980; ISBN 3–541–41161–9
Übersichtliche Spielesammlung für den Sprachunterricht mit einem einführenden spieldidaktischen Vorspann.

– *Moskowitz, G.*
Caring and sharing in the foreign language class
Newburry House Publishers Inc. Rowley, Massachusetts 1978, USA, ISBN O-88377-098-9.
Dieses Buch führt umfassend in die Methoden Humanistischer Pädagogik ein, ist sehr praxisnah geschrieben und enthält eine Fülle von Anregungen für den Sprachunterricht

– *Oaklander, V.*
Gestalttherapie mit Kindern und Jugendlichen.
Klett. Stuttgart 1981
Anhand von Fallbeispielen Darstellung kreativer Methoden der Gestalttherapie.

– *Schwäbisch/Siems*
Anleitung zum sozialen Lernen für Paare, Gruppen und Erzieher.
Rowohlt, Hamburg 1974

– *Rogers, C.R.*
Freiheit und Engagement.
Kösel. München 1984
Hervorragendes Buch. Es werden viele gute Ideen für einen veränderten Unterricht gegeben. Leicht lesbar. Obwohl der Ansatz nicht identisch mit der Gestaltpädagogik ist, gibt er äußerst wichtige Anregungen.

– *Stevens, J.O.*
Die Kunst der Wahrnehmung. Übungen der Gestalttherapie.
Kaiser. München 1977[3]
Das Buch enthält eine Vielzahl von Gestalt-Übungen, die sowohl zum persönlichen Training als auch zum Wahrnehmungstraining in Gruppen genutzt werden können.

– *Vopel, K.W.*
Interaktionsspiele, 6 Bde.
Reihe: Lebendiges Lernen und Lehren.
Isko-Press, Hamburg 1978 (2)
Sehr gute, äußerst brauchbare Sammlung einer Vielzahl von Übungen und Spielen. Eine gute Grundlage zur kreativen Verwendung in Gruppen. In der gleichen Reihe ist ein Handbuch für Gruppenleiter erschienen, das gute, praxisorientierte Hinweise zur Verwendung der Spiele gibt.
Bd. 10–13 dieser Reihe haben ausschließlich Interaktionsspiele für Kinder zum Inhalt (8–12 Jahre). Zum Teil sogar auf den Gebrauch in der Schule zugeschnitten.

3. Bücher zur Humanistischen Psychologie

– *Cohn/Farau*
Gelebte Geschichte der Psychotherapie
Klett-Cotta. Stuttgart 1984

Sehr persönlich geschriebener Bericht über die Entwicklung der Psychoanalyse und der Psychotherapie in den USA. Detaillierte Darstellung der Themenzentrierten Interaktion.

- *Quitmann, H.*
  Humanistische Psychologie
  Hogrefe. Göttingen 1985
  Umfassender Überblick über die Entwicklung der Humanistischen Psychologie. Detaillierte Darstellung der verschiedenen Schulen und ihrer führenden Vertreter. Abriß der zentralen Konzepte und ihres philosophischen Hintergrundes.

- *Völker, U.* (Hrsg.)
  Humanistische Psychologie
  Beltz. Weinheim 1980
  Reader, in dem verschiedene Autoren in siebzehn Einzelbeiträgen Aspekte der Humanistischen Psychologie beleuchten.

8. Literaturverzeichnis

ANTONS, K.: Praxis der Gruppendynamik. Göttingen 1973

BERENDT, J. E.: Das dritte Ohr – Vom Hören der Welt. Hamburg 1985

BERGMANN, F./SCHELPER, W.: Einführung in die Physik – Sekundarstufe I. Frankfurt-Berlin-München 1977

BROWN/PETZOLD (Hrsg.): Gefühl und Aktion. Flach KG. Frankfurt 1978

BUBER, M.: Ich und Du. 1923. In: Dialogisches Leben. Zürich 1947

BÜRMANN, J.: Gestaltpädagogik – ein Weg zu humanerem Lernen. In: Sautter, F.: Psychotherapie in der Schule. München 1983

BÜRMANN, J.: Persönlich bedeutsames Lernen. Bielefeld 1983 (unveröffentlichtes Manuskript)

BUROW, O.A./SCHERPP, K.: Lernziel: Menschlichkeit. Gestaltpädagogik – eine Chance für Schule und Erziehung. München 1981

BUROW, O.A.: Tu nur das, was du wirklich willst. In: betrifft: erziehung 9/1982, S. 57–62

BUROW, O.A.: Der Beitrag der Gestaltpädagogik zur sozialen Kompetenz des Lehrers. Erscheint 1988

BUROW, O.A.: Lernlust statt Schulfrust. Der Beitrag der Gestaltpädagogik zu einer neuen Bildungsreform. In: psychologie heute 6/83, S. 64–70

CAPRA, F.: Wendezeit, Bausteine für ein neues Weltbild. Scherz Verlag. Bern 1982

CARRIER, M. and The Centre for British Teachers: Take 5. CvK 1980. ISBN 3–464–01205–0

COHN, R.C.: Von der Psychoanalyse zur Themenzentrierten Interaktion. Stuttgart 1975

DUFEU, B.: Haben und Sein im Frendsprachenunterricht. In: PRENGEL 1983, S. 197–217

FARAU, A./COHN, R.C.: Gelebte Geschichte der Psychotherapie. Stuttgart 1984

FELLSCHES, J.: Erziehung und eingreifendes Handeln. Frankfurt 1981

FERGUSON, M.: Die sanfte Verschwörung: Persönliche und gesellschaftliche Transformation im Zeitalter des Wassermanns. Basel 1983

GALYEAN, B.: Language in between. 1976, o.O.

GAWAIN, S.: Stell dir vor – Kreativ Visualisieren. Basel 1984.
GESTALTPÄDAGOGIK – FORTSCHRITT ODER SACKGASSE (Edition Diesterweg-Hochschule; 1985; Ahornstr. 5, 1000 Berlin 30)
GLASER, R.: Veränderungen in der Grundschule durch Gestaltpädagogik. In: PRENGEL 1983, S. 113–134
GOODMAN, P.: Aufwachsen im Widerspruch. Verlag Darmstädter Blätter. Darmstadt o.J.
GOODMAN, P.: Das Verhängnis der Schule. Frankfurt 1975
GORDON, T.: Lehrer-Schüler-Konferenz. Hamburg 1977
GUDJONS, H.: Praxis der Interaktionserziehung. Bad Heilbrunn 1978
HARNER, M.: Der Weg des Schamanen. Ansata Verlag 1982
HESS. INSTITUT FÜR LEHRERFORTBILDUNG: Materialien zur Gestaltpädagogik o.O. u. o. J.
HOFMANN, C.: Beitrag der Gestaltpädagogik zur sozialen Kompetenz des Lehrers. In: Gestaltpädagogik – Fortschritt oder Sackgasse GEW- Berlin, 1985, S. 45–50
HOLZKAMP, K.: Sinnliche Erkenntnis und historischer Ursprung der Erfahrung. Frankfurt 1974
HUBER, B.: Die Veränderung der Lehrerrolle bei der Anwendung von »confluent education« im Deutsch- und Religionsunterricht an der Eingangsstufe eines deutschen Gymnasiums. In: PETZOLD/BROWN 1977, S. 149–162
KÄGI-ROMANO, U.D.: Die demokratisch-kreative Schule oder der Versuch, das Mögliche zu verwirklichen. In: PETZOLD/BROWN 1977, S. 134–148
KÄGI-ROMANO, U.D.: Im Zeichen von R. M. Rilkes »Herbsttag«. Eine Schulwoche mit integrativen Methoden in der demokratisch-kreativen Schule. In: PETZOLD/BROWN 1978, S. 234–243
KNIGGE-ILLNER, H./RUBEAU, P./SOMMER, G./VOLLMER, K.: Suchtprävention in der Schule. Weinheim 1983
KALUWEIT, H.: Traumzeit und innerer Raum, die Welt der Schamanen. Basel 1984
KRANZ, D.: Gestaltpädagogik im Fremdsprachenunterricht, zum Beispiel Lyrik. Hektographiertes Manuskript. Münster 1982.
KURZ, P.: Anders Lehren mit Gestalt. In: PRENGEL 1983, S. 228–240
LÖFFLER/KUNTZE: Spiele im Englischunterricht 1 und 2. München 1980, ISBN 3–541–41161–9
MASTERS, R./HOUSTON, J.: Phantasiereisen. München 1984
MOSKOWITZ, G.: Caring and sharing in the foreign language class. Newburry House Publishers Inc., Rosley, Massachusetts 1978, USA. ISBN 0–88377–098–9
MÜLLER, E.: Du spürst unter deinen Füßen das Gras. Frankfurt 1983
NEGT, O.: Soziologische Phantasie und exemplarisches Lernen. Frankfurt 1974
NOWAK, C.: Autonomes Lernen mit Elementen der TZI – Ein Versuch im Ökologieunterricht der Sekundarstufe II. In: PRENGEL 1983, S. 181–196
OAKLANDER, V.: Gestalttherapie mit Kindern und Jugendlichen. Klett. Stuttgart 1981
PETZOLD, H.: Die Medien in der Integrativen Pädagogik. In: PETZOLD, H./BROWN, G. (Hrsg.): Gestaltpädagogik, München 1977, S. 101–123
PETZOLD/BROWN (Hrsg.):Gestaltpädagogik. Pfeiffer. München 1977
PHILIPS, M.: Confluent Education als Integrative Pädagogik. In.: BROWN, G. PETZOLD, H. (Hrsg.): Gefühl und Aktion. Frankfurt 1978, S. 13–31
POLSTER, E. u. M.: Gestalttherapie. München 1977
PRENGEL, A.: Gestaltpädagogik. Therapie, Politik und Selbsterkenntnis in der Schule. Beltz. Weinheim 1983
QUITMANN, H.: Humanistische Psychologie – Zentrale Konzepte und philosopischer Hintergrund. Göttingen 1985
QUITMANN, H.: Grundpositionen der Gestaltpädagogik. In.: Gestaltpädagogik – Fortschritt oder Sackgasse. Berlin, 1985, S. 39–44
QUITMANN, H.: Gestaltpädagogik in der Lehrerfortbildung. In: Die Deutsche Schule, Heft 1, 1986, S. 42–55

REISER, H.: Die Themenzentrierte Interaktion als pädagogisches System im Vergleich zur Gestaltpädagogik. In: PRENGEL 1983 S. 253–277
RICHTER, H. E.: Zur Psychologie des Friedens. Reinbek 1984
RICHTER, H. E.: Die Chance des Gewissens – Erinnerungen und Assoziationen. Hamburg 1986
ROGERS, R.: Die nichtdirektive Therapie. München 1972
ROGERS, C.: Lernen in Freiheit. München 1974
ROGERS, C.: Freiheit und Engagement. Personenzentriertes Lehren und Lernen. München 1984
ROGERS, C.:Die Kraft des Guten. München 1977
ROHBECK, J.: Geschichte des Kraftbegriffs. Arbeitspapier des Senators für Schulwesen. Berlin 1985
RUBEAU, P.: Einführung in die Gestaltpädagogik. Übungen. Hektographiertes Seminarpapier. Berlin 1980
SCHEIBE, W.: Die Reformpädagogische Bewegung. Weinheim 1978
SCHWÄBISCH/SIEMS: Anleitung zum sozialen Lernen für Paare, Gruppen und Erzieher. Rowohlt. Hamburg 1974
STEVENS, J. O.: Die Kunst der Wahrnehmung. Übungen der Gestalttherapie. Kaiser. München 1977[3]
TAUSCH, R. u. A.–M.: Erziehungspsychologie – Begegnung von Person. Göttingen, 1979
VÖLKER, U. (Hrsg.): Humanistische Psychologie. Beltz. Weinheim 1980
VOPEL, K. W.: Interaktionsspiele. 6 Bände. Reihe: Lebendiges Lernen und Lehren. Isko-Press. Hamburg 1978 (2)
WEBER/GADOW: Intergrativer Unterricht. Ein Beispiel aus der Praxis. In: Die Deutsche Schule. Frankfurt 1982, S. 107–114, Heft 2
ZEUNER, S.: Ich bin höflich, du bist mutig, er ist witzig. Gestaltpädagogische Praxis in der Hauptschule. In: päd. extra 12/83, S. 35–41
ZÜND, W.: Schule und integrative Pädagogik. In: PETZOLD/BROWN 1977, S. 124–133

Quellenverzeichnis

Erich Kästner, Eisenbahngleichnis. Rechte bei Ulrich Constantin, München.

James Krüss, Das schwarze Schaf. Aus: Der wohltemperierte Leierkasten, Bertelsmann Verlag, Gütersloh 1961. Rechte beim Autor.

H.E. Richter, Zitat aus „Die Chance des Gewissens“, Verlag Hoffmann und Campe, Hamburg 1986.

Johann P. Tammen, Lied vom Alleinsein. Aus: Gedichte für Anfänger, Rowohlt Verlag, Reinbek 1980. Rechte beim Autor.

Regina Stella Weitz, Vorm Einschlafen. Aus: Gedichte für Anfänger, Rowohlt Verlag, Reinbek 1960. Rechte bei der Autorin.

Wolfgang Weyrauch, Ich bin ein A. Aus: Satirische und groteske Lyrik des 20. Jahrhunderts, Diesterweg, Frankfurt 1972.

Ken Wilson, This is our house. Aus: New Songs for English, Cornelsen-Velhagen & Klasing GmbH, Berlin 1979.

Gerhard Zwerenz, Nicht alles gefallen lassen. Aus: Gesänge auf dem Markt, Kiepenheuer und Witsch, Köln 1962. Rechte beim Autor.

Aufruf zur Mitarbeit

Die Entwicklung der Gestaltpädagogik ist ein dynamischer Prozeß an dem sich viele Kollegen beteiligen. Wir haben eine Reihe von Vorschlägen gemacht und sind an den Praxiserfahrungen der Kollegen interessiert. Welche Erfahrungen haben Sie mit einzelnen Übungen gemacht? Welche eigenen Anregungen haben Sie entwickelt?

Wir wollen ein Archiv gestaltpädagogischer Unterrichtsideen aufbauen und sind sehr an kurzen Praxisberichten interessiert.

Kontaktadressen: Olaf-Axel Burow, Heylstr. 32, 1000 Berlin 62.
Dr. Helmut Quitmann, Grafeneck 11, 7410 Reutlingen 3
Martin Rubeau, Dürerstr. 5, 1000 Berlin 45